BIBLIOTHÈQUE
DE PHILOSOPHIE CONTEMPORAINE

PARERGA ET PARALIPOMENA *1803 2*

ÉTHIQUE
DROIT ET POLITIQUE

PAR

ARTHUR SCHOPENHAUER

PREMIÈRE TRADUCTION FRANÇAISE
AVEC PRÉFACE ET NOTES

PAR

AUGUSTE DIETRICH

ÉTHIQUE
DROIT ET POLITIQUE — PHILOSOPHIE DU DROIT
SUR L'ÉDUCATION
OBSERVATIONS PSYCHOLOGIQUES

PARIS
FÉLIX ALCAN, ÉDITEUR
LIBRAIRIES FÉLIX ALCAN ET GUILLAUMIN RÉUNIES
108, BOULEVARD SAINT-GERMAIN, 108

1909

ÉTHIQUE, DROIT ET POLITIQUE

PARERGA ET PARALIPOMENA

ÉTHIQUE, DROIT ET POLITIQUE

PAR

ARTHUR SCHOPENHAUER

PREMIÈRE TRADUCTION FRANÇAISE

AVEC PRÉFACE ET NOTES

PAR

AUGUSTE DIETRICH

ÉTHIQUE

DROIT ET POLITIQUE — PHILOSOPHIE DU DROIT

SUR L'ÉDUCATION

OBSERVATIONS PSYCHOLOGIQUES

PARIS

FÉLIX ALCAN, ÉDITEUR

LIBRAIRIES FÉLIX ALCAN ET GUILLAUMIN RÉUNIES

108, BOULEVARD SAINT-GERMAIN, 108

1909

A

EDMOND THIAUDIÈRE

Aù remarquable penseur et à l'excellent ami.

A. D.

PRÉFACE DU TRADUCTEUR

Le présent volume des *Parerga et Paralipomena* ne se prête pas par sa nature, comme les trois précédents, à une étude préliminaire biographique ou historique ; nous en avons d'ailleurs déjà dit assez à ce double point de vue, pour mettre en une lumière suffisante la figure originale et complexe de Schopenhauer, et pour situer dans son milieu exact l'œuvre dont nous avons entrepris la traduction. Les matières renfermées dans le volume actuel : éthique, droit, politique, éducation, le tout couronné par des observations psychologiques, parlent d'elles-mêmes, et il y aurait quelque puérilité à dévider de trop longs commentaires à leur sujet. Ce qu'on peut toutefois faire ici, c'est mettre en relief certaines vues fondamentales, signaler spécialement certaines idées d'un intérêt spéculatif ou pratique.

Un soir, Schopenhauer se promenait sur la route avec son ami le Dr Wilhelm Gwinner, son futur biographe. Les étoiles brillaient au ciel, et Vénus resplendissait d'un éclat tout particulier. Gwinner, contemplant la planète, devint tout à coup lyrique, et se mit à évoquer le souvenir des âmes que Dante y a placées comme dans un port de salut béni ; puis, son imagination travaillant, il demanda au vieux philosophe s'il n'était pas d'avis qu'il y avait là aussi des êtres vivants, mais doués d'une existence plus parfaite que la nôtre. Schopenhauer répondit qu'il ne le croyait pas ; une organisation supérieure à celle des humains ne pouvait, selon lui, avoir la « volonté de vivre ». Il pensait que la série

ascendante vers la vie se terminait à l'homme, dernier
terme de ce progrès qui lui apparaissait comme un fait si
effroyable : puis, s'exaltant insensiblement : « Croyez-vous,
dit-il, qu'un être supérieur à nous voulût continuer un seul
jour cette triste comédie de la vie ? Cela est bon pour des
hommes ; des génies ou des dieux s'y refuseraient ».

Cette assertion constitue à la fois le point de départ et le
point d'aboutissement de la doctrine de Schopenhauer. En
présence de ce monde mauvais, où la douleur corrompt toute
joie, où la mort a le mot définitif, où notre destinée apparaît comme une tragi-comédie mise en œuvre par un génie
malfaisant qui trouve son bonheur à nous torturer, quel
sentiment peut éprouver l'homme raisonnable et sage ? Un
sentiment d'une double nature : un profond mépris pour la
vie humaine, pour la décevante Maïa qui cherche à le trai-
ner d'illusions en illusions toujours plus dérisoires, en même
temps qu'une immense compassion pour ses frères, pour tous
les damnés de la vie, à n'importe quel degré de l'échelle. En
un mot, l'homme doit en arriver à donner accès dans son
cœur à la sympathie, « cet étonnant, on pourrait dire ce
mystérieux passage de nous-même dans un autre être, qui
supprime les barrières de l'égoïsme et transforme en quelque
sorte le *non moi* en *moi*. C'est donc le sentiment moral par
excellence, un lien par lequel et dans lequel nous sentons
que nous sommes tous frères. Éprouver de la compassion,
c'est devenir un être moral. Sympathiser avec la nature
entière, c'est le véritable état du sage sur cette terre...
Une compassion sans bornes à l'égard de tous les être vivants,
voilà le plus solide, le plus sûr garant de la moralité ; avec
cela, il n'est pas besoin de casuistique. Celui qui en est pénétré ne blessera sûrement ni ne lésera personne, ne fera de
mal à personne, mais il aura bien plutôt des égards pour
chacun, pardonnera à chacun, aidera chacun de tout son pouvoir, et toutes ses actions porteront l'empreinte de la justice
et de l'amour du prochain. En revanche, qu'on essaie de
dire : « Cet homme est vertueux, mais il ne connaît pas la
pitié » ; ou bien : « C'est un homme injuste et méchant,
cependant il est très compatissant », et la contradiction est

évidente. Chacun son goût : mais, pour moi, je ne sais pas de plus belle prière que celle qui termine les anciennes pièces de théâtre indoues : « Puissent tous les êtres vivants rester exempts de douleurs ! »

Voilà le nœud de la doctrine éthique de Schopenhauer, telle qu'il la déduit dans le *Fondement de la morale*. La base de la morale est donc la sympathie vive, ardente, se traduisant en pitié, en charité effective. Mais ce n'est pas encore là le point culminant de la morale. On n'atteint celui-ci que par la négation complète de la volonté de vivre, par l'ascétisme, tel que l'ont pratiqué les saints, les anachorètes, les pénitents indous et chrétiens. « De même que la satisfaction de l'appétit sexuel affirme, chez l'individu, la volonté de vivre, de même l'ascétisme, en empêchant la satisfaction de cet appétit, nie cette même volonté, et montre par là que, en même temps que la vie du corps, cesse la volonté dont celui-ci est l'apparence ». En un mot, l'antithèse entre l'affirmation de la volonté de vivre et la négation de cette volonté est ce qu'on pourrait dénommer le belvédère de la morale de Schopenhauer : c'est de ce point de vue, le plus élevé, à son avis, qu'il juge et classe les actions humaines.

Hartmann, dans sa *Philosophie de l'inconscient*, a soumis cette théorie de son prédécesseur à une critique approfondie et incisive, qui est, en somme, bienveillante et approbative. Nietzsche, au contraire, l'a exécutée radicalement, avec un souverain mépris. La morale de la pitié proclamée par Schopenhauer lui apparaît, au meilleur cas, comme une touchante superstition à la vieille mode. Et, poussant plus loin la raillerie, l'auteur de *Par delà le bien et le mal* rappelle que Schopenhauer, le pessimiste, aimait à jouer de la flûte après ses repas. Est-ce là un pessimiste, se demande-t-il, celui qui affirme la morale du *læde neminem* (ne nuis à personne), et qui joue de la flûte ? Cette vue morale, d'après lui, appartient à la décadence en matière de morale. Les époques fortes et les civilisations avancées ne connaissent ni la pitié ni l'amour du prochain, et elles voient dans ce sentiment une preuve de faiblesse méprisable. On ne peut rêver contraste plus frappant entre l'idée de l'apologiste du

« surhomme » et celle du vieux philosophe pourtant bien
désabusé, bien revenu de toutes les illusions humaines, que
celui-là nommait l'un de ses maitres.

Cette idée morale, ont avancé des critiques, nous transporte en plein Orient, et Schopenhauer n'a fait qu'interpréter à l'usage de l'Occident les enseignements des livres
indous. Mais on peut leur répliquer tout aussi justement
qu'il n'a fait qu'interpréter les enseignements des Evan-
giles. Son éthique est une tentative sérieuse d'application
de la vertu chrétienne par excellence au principe moral
établi sur une base philosophique. Sans intervention de
dogme, de religion, de dieu, en vertu d'une métaphysique
purement humaine, il affirme la bonté comme âme de la
morale. Aucun des grands constructeurs d'éthiques modernes ne se rapproche aussi étroitement que lui, sous ce rapport, du christianisme. L' « impératif catégorique » de Kant
est infiniment plus éloigné des prescriptions chrétiennes
que la morale de la compassion proclamée par Schopenhauer.
Seulement, le point faible du système de ce dernier, c'est
qu'il constitue bien plus une théorie spéculative qu'un fait
vivant et fécond. Combien le système de Hegel, par exemple,
offre-t-il un champ plus vaste aux manifestations de la
volonté morale ! Chez Schopenhauer, c'est en réalité la
souffrance seule qui est l'aiguillon de cette volonté. Base
étroite, insuffisante pour laisser place aux manifestations
si diverses, infinies, des actions humaines. L'idée morale
maitresse du pessimiste allemand ressemble étonnamment
à l'idée morale de Tolstoï, si puissant comme romancier et
conteur, souvent si naïf et si puéril comme philosophe et
comme moraliste. Cette ressemblance n'a d'ailleurs rien
d'étonnant, d'autant plus que, outre l'analogie de leurs
natures, le Russe a beaucoup lu l'Allemand.

La philosophie tout entière, aux yeux de notre philosophe, est théorique, et la morale ne fait pas exception. La
philosophie est simple spectatrice des choses, et la morale
n'a rien à démêler avec les préceptes. Une morale non fondée en raison, celle qui consiste à « faire la morale aux
gens », ne peut avoir d'action, parce qu'elle ne donne pas

de motifs. Vouloir diriger les hommes, modeler les caractères, ce sont des prétentions du « vieux temps ». La vertu
ne s'enseigne pas plus que le génie. « Nos systèmes de
morale ne feront jamais des hommes vertueux, de grands
caractères, des saints, pas plus que nos théories sur l'art ne
susciteront des poètes, des statuaires, des musiciens. » En
morale, comme dans le reste, le philosophe n'a qu'une
chose à faire : prendre les faits tels qu'ils lui sont donnés
in concreto, c'est-à-dire tels que chacun les sent, les interpréter, les éclaircir par la connaissance abstraite de la
raison.

Ceci dit, on sera mieux préparé à lire le chapitre qui
ouvre le volume. C'est un supplément au *Fondement de la
morale*, et surtout au *Monde comme volonté et comme représentation*, où l'auteur avait traité un peu superficiellement
la question éthique. Il y a ici des choses qui ne se trouvent
pas là. Ces pages renferment, entre autres matières, une
fine et piquante analyse des vertus et des vices, présentée
souvent sous une forme humoristique, et sont pleines de
faits intéressants. L'exposé avant tout théorique de Schopenhauer se prête en plus d'une circonstance à une application pratique, et il est un certain nombre d'observations et
même de recommandations dont le lecteur peut tirer un
utile profit. En voici une que nous croyons devoir souligner
tout particulièrement : elle concerne les faux amis, « ces
nœuds qui deviennent couleuvres », selon l'expression de
Victor Hugo. Qui d'entre nous n'a pas souffert de la perfidie
d'un soi-disant ami ? Qui n'a pas ressenti au moins une fois
en sa vie l'amère tristesse de devoir chasser de son cœur
un être qu'on avait introduit dans son intimité, pour lequel
on n'avait rien de caché, et qui n'était qu'un traître ? Et cela,
souvent, pour le simple plaisir, par pur dilettantisme de
vilaine âme. Or, voici le très sage conseil que nous donne à
ce sujet notre philosophe, qui était méfiant, nous le voulons
bien, mais qui, comme tout homme ayant l'expérience de
la vie, avait été payé à plus d'une reprise — en quelle mauvaise monnaie, nous le savons tous ! — pour l'être : « Celui
qui ne se préoccupe pas des petits traits de caractère n'a

qu'à s'en prendre à soi, si, plus tard, il apprend à ses dépens,
par les grands traits, à connaître ledit caractère. En vertu
du même principe, il faut rompre immédiatement aussi, ne
fût-ce que pour des bagatelles, avec les soi-disant bons amis,
s'ils révèlent un caractère ou perfide, ou méchant, ou bas,
afin d'éviter leurs mauvais tours sérieux, qui n'attendent
qu'une occasion de se produire sur une plus vaste échelle.
Disons-en autant des domestiques. On doit toujours se répé-
ter : « Mieux vaut vivre seul qu'avec des traîtres ». C'est
parler d'or ; malheureusement, ce n'est d'ordinaire que
quand il est déjà tard, que l'on prend à l'égard des « amis »
gênants ou dangereux cette résolution si salutaire.

Le droit et la politique sont un chapitre de la morale, en
théorie du moins, car, dans l'application, il faut trop souvent en rabattre. A ce double point de vue aussi les idées de
Schopenhauer étaient en opposition décidée avec les idées
de son époque. Après que Hegel fut parvenu à convaincre
l'Allemagne, pour un laps de temps assez long, de la divinité
de l'Etat, la révolution de 1848 vint soudainement donner
un étrange démenti à ce dogme nouveau.

L'idée de la souveraineté populaire se substitua à celle de
l'Etat omnipotent. Schopenhauer, qui prenait au sérieux les
problèmes sociaux, comme tous les autres, n'entendait être
dupe en aucun sens : de là ses idées relatives au droit et à la
politique. Résumons-les rapidement, telles qu'il les expose
surtout dans son grand ouvrage.

Tous les êtres individuels ont un don commun, la raison.
Grâce à elle, ils ne sont pas réduits, comme les bêtes, à ne
connaître que le fait isolé ; ils s'élèvent à la notion abstraite
de l'ensemble et de la liaison des parties de cet ensemble.
Grâce à elle, également, ils ont vite su remonter à l'origine
des douleurs qui sont le fond de la vie humaine, et ils ont
aperçu le moyen de les diminuer, sinon de les supprimer.
Ce moyen, c'est un sacrifice commun, compensé par des
avantages communs supérieurs au sacrifice. En effet, si, le
cas échéant, il est agréable à l'égoïsme de l'individu de
commettre une injustice, son plaisir a, d'autre part, un cor-

relatif inévitable ; l'injustice commise par l'un est forcément
soufferte par l'autre, ce qui constitue pour celui-ci une
souffrance. Alors, que la raison fasse un pas en avant, qu'elle
s'élève jusqu'à la considération de l'ensemble, et elle verra
que la jouissance produite chez un individu par l'acte
injuste est balancée par une souffrance plus grande qui se
produit chez l'autre. Elle s'apercevra encore que chacun
doit redouter d'avoir moins souvent à goûter le plaisir de
commettre l'injustice, qu'à endurer l'amertume d'en pâtir.
De tout cela la raison conclut que si l'on veut commencer
par affaiblir la somme des souffrances à répartir entre les
êtres individuels, et aussi la répartir le plus uniformément
possible, le seul moyen est d'épargner à tous le chagrin de
l'injustice reçue, et, dans cette vue, d'obliger tous les hommes à renoncer au plaisir que peut procurer la pratique de
l'injustice. Peu à peu l'égoïsme, dépassant son point de vue
borné et insuffisant, se range à l'avis de la raison, et finit
par découvrir le moyen protecteur : le contrat social, la loi.
C'est ainsi que s'est constitué l'État.

En vertu de cette origine, la théorie de l'État, ou théorie
des lois, rentre dans un des chapitres de la morale, celui
qui traite du droit, où sont établies les définitions du juste
et de l'injuste pris en eux-mêmes, et où sont ensuite tra-
cées, par voie de conséquence, les limites précises qui sépa-
rent l'un de l'autre. Seulement, la théorie en question ne
les empruntera que pour en prendre le contre-pied ; partout où la morale pose des bornes qu'on ne doit pas franchir, si l'on ne veut pas se rendre coupable d'une injustice,
elle considérera ces mêmes bornes de l'autre côté, que les
autres, eux non plus, ne doivent pas franchir. On a qualifié
l'historien de prophète à rebours ; on pourrait qualifier de
même le théoricien du droit de moraliste à rebours. La
théorie du droit serait ainsi la morale à rebours, du moins
pour le chapitre de la morale où sont exposés les droits qui
ne doivent point être violés. Ainsi la notion de l'injuste, et
celle de la négation du droit que l'injuste enferme, notion
qui est d'ordre moral originel, devient juridique ; son point
de départ pivote sur lui-même, et s'oriente du côté passif

au lieu de rester orienté du côté actif; cette notion opère donc une conversion.

Voilà, d'après notre philosophe, la raison de certaines doctrines étranges sur ce sujet, comme celle qui affirme que l'Etat est un moyen de nous élever à la moralité, qu'il naît d'une aspiration à la vertu, que, par suite, il est dirigé contre l'égoïsme ; ou celle qui fait de l'Etat la condition de la liberté, au sens moral du mot, et, par là même, de la moralité. Rien de cela n'est vrai. L'Etat, né d'un égoïsme bien entendu, d'un égoïsme qui s'élève au-dessus du point de vue individuel pour embrasser l'ensemble des individus, ne vise nullement l'égoïsme, mais seulement les consé-quences funestes de l'égoïsme. Il ne se préoccupe pas davan-tage de la liberté au sens moral, c'est-à-dire de la moralité ; par sa nature même, en effet, il ne peut interdire une action injuste qui n'aurait pas pour corrélatif une injustice soufferte.

Quant à la doctrine du droit selon Kant, où la construc-tion de l'Etat se déduit de l' « impératif catégorique », et n'est pas seulement une condition, mais un *devoir* de mora-lité, Schopenhauer la rejette plus complètement encore.

La politique tire de la morale sa théorie pure du droit, c'est-à-dire sa théorie de l'essence et des limites du juste et de l'injuste ; après quoi elle s'en sert pour ses fins à elle, fins étrangères à la morale ; elle en prend la contre-partie, et là-dessus elle édifie la législation positive, y compris l'abri destiné à la protéger ; bref, elle construit l'Etat. La politique positive n'est donc que la doctrine morale pure du droit renversée.

Tel est le fond de la doctrine de Schopenhauer sur le droit, la politique et l'Etat. Dans son grand ouvrage, il traite la matière avec toute la tenue et le sérieux qui conviennent à un exposé général d'idées tel que celui auquel il se livre. Dans les pages du présent volume, il déploie plus d'humour et de fantaisie, entre davantage dans les détails, et aborde certaines questions très intéressantes qu'il n'avait même pas effleurées jusque-là.

La première de ces questions est celle du luxe, dont le

philosophe contrebalance les avantages et les inconvénients, sans prendre nettement parti dans un sens plutôt que dans l'autre, mais en inclinant toutefois visiblement vers le maintien de l'usage du superflu, « cette chose si nécessaire », suivant le mot célèbre de Voltaire; il aborde ensuite la question de la souveraineté du peuple, qui commençait alors à occuper les esprits dans cette Allemagne où, si longtemps, l'obéissance à peu près passive avait régné en maîtresse, et où les mœurs féodales s'étaient prolongées presque jusqu'à ce jour-là.

Cette question est pour Schopenhauer une occasion d'établir un parallèle entre la forme gouvernementale monarchique et la forme républicaine. Aristocrate « de la veille », comme il se complaisait à le redire en employant cette expression française, par toutes les habitudes de son existence et tous les traits de son caractère, il avait par conséquent peu de goût pour la suprématie de la masse. Toutes les fibres de sa nature dédaigneuse et raffinée se rétractaient au contact du *profanum vulgus*, et des expériences comme celle de la révolution de 1848, où il s'était senti menacé dans sa suffisante mais modeste aisance, et, partant, dans son indépendance et le bonheur du restant de sa vie, n'étaient pas faites pour le réconcilier avec la démocratie. Schopenhauer éprouva alors un sentiment analogue à celui que Taine, esprit si libre par certains côtés, mais caractère un peu timide et facilement apeuré, éprouva à l'occasion des événements de la Commune. Le philosophe allemand se prononce donc pour la monarchie contre la république. On trouvera ici ses raisons alléguées. L'une d'elles, — nullement personnelle, puisqu'il n'entra jamais dans sa pensée de mettre pour sa part la main à la chose publique, — c'est qu'il doit être plus difficile aux intelligences supérieures d'arriver à de hautes situations, et, par là, à une influence politique directe, dans les républiques que dans les monarchies ; pour quel motif, il nous le dit. Il voulait aussi avant tout un solide principe d'autorité, et il croyait la seconde forme gouvernementale plus apte à l'établir que la première. Mais ce serait une erreur que de voir en lui un parti-

san de la réaction aveugle. Tout en trouvant la forme monarchique celle naturelle à l'homme, « à peu près comme elle
l'est aux abeilles et aux fourmis, aux grues voyageuses, aux
éléphants nomades, aux loups et aux autres animaux réunis
pour leurs razzias, qui tous placent un seul d'entre eux à
leur tête », il était libéral à sa façon, affirmant que le meilleur gouvernement est en définitive celui qui satisfait le
mieux les aspirations de l'humanité et s'efforce le plus de la
rendre heureuse. S'il se prononçait pour la royauté, il
n'avait cure, en revanche, du droit divin, auquel ses idées
philosophiques lui défendaient de croire. La légitimité,
disait-il à l'occasion des événements d'Italie, un an avant sa
mort, est une belle chose, mais elle ne donne par elle
seule aucun droit au succès. Pour être sûr de celui-ci, un
gouvernement doit être intellectuellement supérieur à la
masse gouvernée ; mais, moralement, son chef ne doit pas
être trop noble, être un Titus ou un Marc-Aurèle, ni, en sens
opposé, tomber au-dessous du niveau universellement admis
comme mesure du droit. En ce sens, il prophétisait à son
ami Gwinner la chute de Napoléon III : « Il est trop mauvais », lui disait-il. Il ne portait pas davantage dans son
cœur le premier Bonaparte, ainsi qu'on le verra au cours de
ce volume.

Schopenhauer rencontre sur son chemin la question du
jury criminel, et, en vertu du même courant d'idées aristo-
cratiques, il la résout en un sens peu favorable à cette institution de tout temps si discutée, et de nos jours plus que
jamais. Il est vraiment plaisant de l'entendre fulminer contre
ces « tailleurs » et ces « tanneurs » dont la « lourde et
grossière intelligence, sans culture, pas même capable d'une
attention soutenue,.... est appelée à démêler la vérité du
tissu décevant de l'apparence et de l'erreur. Tout le temps,
de plus, ils songent à leur drap et à leur cuir, aspirent à
rentrer chez eux, et n'ont absolument aucune notion claire
de la différence entre la probabilité et la certitude. C'est
avec cette sorte de calcul des probabilités dans leurs têtes
stupides, qu'ils décident en confiance de la vie des autres ».
La boutade est amusante ; nous laissons à d'autres le soin

de décider si elle est en même temps une vérité. Qu'aurait dit, de nos jours, cet adversaire irréductible du jury, en voyant un de ces « tanneurs » devenir président de la république d'un grand pays, et ce jury tant conspué s'élargir encore, jusqu'à admettre dans son sein des ouvriers proprement dits, conformément à la décision d'un ministre ? Mais, depuis Schopenhauer, les idées ont marché, l'instruction s'est répandue, et, qu'on déplore le fait ou qu'on y applaudisse, rien ne paraît pouvoir opposer désormais une digue, en Europe, au flot toujours montant de la démocratie.

Le problème de l'éducation se rattache étroitement, sinon directement, à celui de la morale, et, comme le droit et la politique, est l'un des éléments constitutifs de celle-ci. Ce problème a de tout temps fortement préoccupé les populations du Nord. Sans remonter jusqu'à l'époque de Charlemagne et d'Othon le Grand, qui travaillaient avec le zèle personnel que l'on sait à la diffusion de l'enseignement à tous ses degrés ; sans rappeler autrement que par leurs noms quelques-uns des meilleurs ouvriers de la même œuvre, à l'époque de la Renaissance germanique, Rodolphe Agricola, Alexandre Hégius, Reuchlin, Luther, Mélanchthon, Bugenhagen, etc., tous ceux qu'on a appelés les « humanistes », on voit l'Allemagne, dès le commencement du XVIIᵉ siècle, appliquer tous ses efforts à la constitution de l'enseignement du peuple. Les pédagogues surgissent alors de toutes parts. L'un d'eux, Coménius, est resté illustre entre tous comme créateur de l'école primaire et l'un des précurseurs de la méthode intuitive. La réformation de l'enseignement fut « son principal entêtement », suivant le mot naïf de Bayle. Son œuvre fut continuée, dans un sens malheureusement trop empreint de piétisme, par A.-H. Francke, dont l'opuscule : *Court et simple enseignement*, est, comme le *Discours de la méthode*, duquel des critiques l'ont rapproché, plus gros d'idées que de mots, et opéra en pédagogie une révolution comparable à celle des quelques pages de Descartes en philosophie. Puis vinrent, dans la seconde moitié du XVIIIᵉ siècle, deux étoiles de

première grandeur, Basedow et Pestalozzi, autour desquelles gravitent les satellites Campe, Salzmann, Diesterweg,
Frœbel, etc. Enfin, au xix⁰ siècle, apparaît Herbart,
infiniment plus original et plus suggestif comme éducateur
que comme philosophe, quel que soit son mérite à ce
dernier titre. Sa *Pédagogie générale* et ses *Esquisses de
leçons pédagogiques* constituent la tentative la plus importante faite jusque-là en Allemagne pour élever la pédagogie
au rang d'une science exactement fondée sur une double
base spéculative et expérimentale. Cette liste d'éducateurs
théoriques ou effectifs, qu'il serait facile de beaucoup allon-
ger. prouve simplement que les pays du Nord prennent
plus au sérieux que les pays latins l'éducation et l'enseignement, et tout ce qui s'y rattache. Cela est dans leurs tradi-
tions, en quelque sorte dans leur sang. Tandis que le jeune
Français, par exemple, a une tendance fâcheuse à voir en
son éducateur un gêneur, un tyran, qu'il n'aime pas et qu'il
raille plus ou moins ouvertement, le jeune Allemand, lui,
est tout au moins respectueux à son egard, si, au fond, ses
sentiments ne sont pas non plus toujours très bienveillants.
C'est que celui-ci voit moins l'homme lui-même que le
savoir qu'il porte dans sa tête et qu'il est chargé de commu-
niquer.

Or, pour l'homme du Nord, dès la première jeunesse, le
savoir est la chose essentielle; on le lui a répété, et, à son
tour, il le répétera à ceux dont il aura charge. Nous avons
constaté par nous-même, en pénétrant dans quelques lycées
et dans quelques écoles primaires des pays allemands, la
vérité du jugement que nous consignons ici. Tous ceux qui
connaissent d'un peu près l'Allemagne savent de quel profond respect est entouré, non seulement dans les salons.
mais dans les restaurants et brasseries, dans tous les endroits
publics, l'homme qui, rehaussant d'ordinaire son prestige à
l'aide de lunettes en or, a le très grand honneur de départir
le savoir à la jeunesse : le *Herr Professor* sonne dans les
bouches comme devait sonner l'antique *civis romanus*. Et
cette assertion si solidement établie, en vertu de laquelle
les victoires de Sadowa et de Sedan, qui ont eu pour résul-

tal l'unité de l'Allemagne, sont avant tout le fait du maître
d'école, n'est-elle pas des plus caractéristiques! En regard
de ce respect pour l'éducateur et de la reconnaissance que
lui vouent les peuples de race germanique, opposons les
caricatures que les espiègles écoliers romains traçaient déjà
de leurs maîtres, voilà deux mille ans, et dont de curieux
échantillons se voient encore parmi les *graffiti* de Pompéi.
Ce respect d'une part, cet irrespect de l'autre, décèlent deux
mentalités différentes.

Cela ne veut pas dire que notre pays n'ait eu, lui aussi,
ses éducateurs théoriques ou effectifs, et, parmi les premiers, quelques-uns des plus remarquables, tels que Rabe-
lais, Ramus, Montaigne, Fénelon, Rollin, etc. A ces noms
on peut ajouter celui de Jean-Jacques, qui avait de grandes
prétentions sous ce rapport; il ne faut toutefois pas oublier
que l'auteur d'*Emile* était Suisse, c'est-à-dire plus homme
du Nord que Latin, et qu'il n'accuse ni dans ses idées ni
dans sa mentalité générale les traits ordinaires du caractère
français. On peut en dire autant de l'excellent livre de
Mme Necker de Saussure sur l'*Education progressive*. Ecrit
par une Genevoise, ses préceptes sont plus appropriés au
tempérament moral des gens du Nord qu'à celui des gens
du Midi. En résumé, tout ce que nous prétendons ici, c'est
que les peuples germaniques ont abordé de tout temps avec
plus de sérieux que les peuples latins le problème de l'éducation et des méthodes d'enseignement, et que la liste de
leurs éducateurs éminents nous apparaît plus étendue que
celle des nôtres.

Les considérations de Schopenhauer en matière d'éducation et d'enseignement viennent s'ajouter très utilement à
celles de ses prédécesseurs en cet ordre d'idées. Il n'a écrit
sur ce sujet que quelques pages, mais fortes de choses, mais
suggestives, comme on le verra. Il met en garde contre la
méthode, trop fréquemment suivie, qui consiste à placer les
notions avant les perceptions, c'est-à-dire qui substitue
l'éducation artificielle à l'éducation naturelle, et il y a là un
avertissement utile à méditer. Il termine en improuvant la
lecture des romans, comme de nature à engendrer dans les

jeunes esprits des idées fausses préjudiciables à la connaissance réelle de la vie.

Les « observations psychologiques » sur lesquelles se
ferme le volume sont une sorte de revue à vol d'oiseau de
tout ce qui est dit ici et dans les autres ouvrages; elles
traitent *de omni re scibili*, sont le fruit de l'inspiration du
moment, ouvrent des horizons sur une foule de points, et
n'ont pas moins d'intérêt que tout ce qui précède, grâce à
leur forme souvent humoristique et piquante, et à leur style
serré, en quelque sorte lapidaire, qui est la manière assez
habituelle de l'écrivain.

Ici comme ailleurs, comme partout, notre philosophe
témoigne beaucoup de mépris pour le troupeau humain ; il
semble que, pour parler de ses semblables, il lui faille trem-
per sa plume dans le fiel, assez souvent même dans le
vitriol. A ce point de vue il exagère évidemment, puisque,
par le fait même de la vie en communauté, chacun, ici-bas,
est moralement solidaire de l'autre, et il est de plus illo-
gique, puisqu'il base la morale sur la sympathie s'affirmant
non seulement en pitié, mais en charité effective. Il y a là
certainement, dans le système de Schopenhauer, une contradiction prouvant que les meilleures têtes et les *summi
philosophi* eux-mêmes n'ont pas moins de peine que le commun des mortels à mettre toujours bien d'accord leurs idées.
Ce mépris de l'humanité provient, chez l'auteur du *Monde
comme volonté et comme représentation*, à la fois de son tempérament et de son caractère. D'une part, il ne ressentait
nullement le besoin, pour être incité à penser, de la conversation, ou, comme il disait, du bavardage des autres, se
trouvant assez riche de son propre fonds; d'autre part, sa
nature aristocratique, qui avait entrevu, avant que Darwin
la formulât nettement, la loi de la sélection, se cabrait quoi
qu'il en eût contre la domination de plus en plus envahis-
sante du nombre et le règne de la médiocrité. Du dédain
pour ses semblables il en arriva par étapes successives au
mépris. « *Quoties inter homines fui, minor homo redii* »
(chaque fois que je me suis trouvé parmi les hommes, je

suis revenu moins homme), se plaisait-il à dire avec l'auteur
de l'*Imitation*, qui lui-même l'avait dit après Sénèque.
Aussi, même avec ceux qu'il qualifiait d'amis, lui arrivait-il
de briser brusquement l'entretien sur un ton peu aimable,
pour leur faire comprendre qu'il avait hâte de regagner sa
tour d'ivoire, de renouer au plus tôt la chaîne un moment
interrompue de son recueillement intellectuel. Les seuls êtres
qui ne l'ennuyaient pas, qui lui procuraient même une joie
toujours renouvelée, c'étaient les animaux. Il nous fait sa
confession à cet égard dans ses *Observations psychologiques* :
« Quelle jouissance particulière n'éprouvons-nous pas, dit-il,
à voir n'importe quel animal vaquer librement à sa besogne,
s'enquêter de sa nourriture, soigner ses petits, s'associer à
des compagnons de son espèce, etc., en restant absolument
ce qu'il est et peut être! Ne fût-ce qu'un petit oiseau, je puis
le suivre de l'œil longtemps avec plaisir. Il en est de même
d'un rat d'eau, d'une grenouille, et, mieux encore, d'un
hérisson, d'une belette, d'un chevreuil ou d'un cerf. Si la
vue des animaux nous charme tant, c'est surtout parce que
nous goûtons une satisfaction à voir devant nous notre
propre être si *simplifié* ». Gwinner raconte que Schopenhauer
ayant vu, pour la première fois, en 1854, à la foire de Francfort, un jeune orang-outang, allait lui rendre visite presque
chaque jour, étudiant avec la plus grande attention et la plus
vive sympathie cet « ancêtre présumé de notre race », dans
les traits mélancoliques duquel il lisait le désir qu'avait la
volonté de parvenir à la connaissance. Nous avons parlé,
dans les volumes précédents, de son amour pour son chien.
Il revenait souvent sur le compte de cet animal en général,
s'étonnant quelque peu que le chien, cette bête fauve appri-
voisée, le parent et peut-être le descendant du chacal ou du
loup, ait pu devenir le fidèle, affectueux et obéissant compagnon de l'homme que l'on sait.

Le meilleur jugement sur le fond même de l'œuvre de
Schopenhauer nous semble émaner de Schopenhauer lui-
même : « Mes ouvrages, dit-il, se composent de simples
articles inspirés par l'idée dont j'étais plein à ce moment, et

que je voulais fixer pour elle-même; on les a unis ensemble
avec un peu de chaux et de mortier. C'est pour cela qu'ils ne
sont pas vides et ennuyeux, comme ceux des gens qui s'as-
soient à leur bureau et écrivent un livre page par page,
d'après un plan arrêté ». Certains juges ont émis l'avis que
si une telle manière de composer peut être une condition de
variété et d'intérêt, un peu plus de ciment, cependant, n'aurait pas nui à la consolidation de l'édifice. Mais d'autres ont
riposté que cet édifice est entièrement bâti en pierres de
taille, comme ces murailles cyclopéennes où chaque bloc,
tel qu'il est, s'ajoute aux autres presque sans liaison artificielle, reposant dans la masse par son propre poids et
consolidant l'ensemble.

Quant à cet ensemble même, il n'est peut-être pas un seul
philosophe de valeur, depuis Platon, pour ne pas remonter
à Çakya Mouni, jusqu'à Hegel et Schelling eux-mêmes, qui
n'ait contribué à le constituer et à le rendre viable; mais
l'agencement merveilleux de ces pièces de rapport, leur
emploi en vue d'une idée suivie et la conception même de
cette idée qui les rattache et les unit, voilà l'œuvre propre
de Schopenhauer. Elle suffit à sa gloire. Peut-être certaines
parties de ses écrits ont-elles un peu vieilli, sont-elles deve-
nues un peu insuffisantes, et ont-elles surtout, pour le lecteur du xxᵉ siècle, un intérêt historique et documentaire; la
science proprement dite et même la science psychologique
ont fait, depuis près de cinquante ans qu'est mort Schopenhauer, des progrès éclatants, et celui-ci, malgré tout son
talent et sa perspicacité si aiguë, ne pouvait savoir que ce
qu'on savait de son temps; les parties sujettes à caution
sont d'ailleurs en petit nombre, et elles ont grande chance
de se sauver grâce à leur tour littéraire classique, à l'esprit
qui y coule à pleins bords, à la connaissance subtile de
l'homme dont elles sont pénétrées. En un mot, si telle ou
telle pierre s'est légèrement effritée, l'ensemble de l'édifice
reste aussi solidement fixé sur ses assises qu'au premier
jour, et la philosophie de l'auteur du *Monde comme volonté
et comme représentation* demeure un épisode considérable de
l'histoire de la pensée moderne, en même temps qu'elle

constitue, par plusieurs côtés, un des plus précieux trésors
de la sagesse humaine. Sans doute, Schopenhauer pousse
souvent bien loin l'amertume de la pensée, la méfiance à
l'égard de ses semblables, le scepticisme moral; les désillu-
sions et les tristesses de l'existence l'avaient aigri peut-être
outre mesure. Mais, en dépouillant toutes les idoles de leur
éclat artificiel et trompeur, en vous mettant face à face avec
la réalité, si cruelle qu'elle soit, il vous ouvre les yeux,
vous désabuse, vous rend un service manifeste. La vie de
l'homme devient de plus en plus une lutte sans merci, il n'y
a pas à se le dissimuler, et, si l'on ne veut pas être vaincu à
coup sûr, il faut pouvoir opposer à ses adversaires, sur ce
terrible champ de bataille, des armes d'une trempe au moins
égale à la trempe des leurs. La connaissance, dans l'acception
philosophique du mot, la connaissance intégrale, inexorable,
est la meilleure de ces armes.

Février 1908.

Auguste DIETRICH.

ÉTHIQUE, DROIT ET POLITIQUE

ÉTHIQUE

Les vérités physiques peuvent avoir beaucoup d'importance extérieure; mais elles n'ont pas d'importance intérieure. Celle-ci est le privilège des vérités intellectuelles et morales, qui ont pour thème les plus hauts degrés d'objectivation de la volonté, tandis que les vérités physiques ont pour thème les plus bas. Par exemple, si nous parvenions à la certitude — ce n'est pour l'instant qu'une supposition — que le soleil à l'équateur produit la thermo-électricité, celle-ci le magnétisme terrestre, et celui-ci la lumière polaire, ces vérités auraient une grande importance extérieure; mais elles n'auraient pas grande importance intérieure. Des exemples de cette importance intérieure nous sont au contraire fournis non seulement par tous les hauts et vrais arguments philosophiques intellectuels, mais aussi par la catastrophe de toute bonne tragédie, comme, en outre, par l'observation de la conduite humaine dans les manifestations extrêmes de sa moralité et de son immoralité, c'est-à-dire du bien et du mal. Car en tout ceci apparaît l'essence dont le phénomène est le monde, et cette essence, à son plus haut degré d'objectivation, révèle son fond intime.

Dire que le monde a purement une signification physique, et non morale, c'est l'erreur la plus grande et la plus pernicieuse, l'erreur fondamentale, la véritable perversité d'opinion, et c'est au fond ce que la foi a personnifié sous la désignation de l'Antichrist. Cependant, et en dépit de toutes les religions, qui maintiennent le contraire et cherchent à l'affirmer à leur façon mythique, cette erreur fondamentale ne disparait jamais complètement sur la terre; elle continue au contraire à relever la tête de temps en temps, jusqu'à ce que l'indignation générale la force une fois de plus à se cacher.

Si assuré toutefois que soit le sentiment d'une signification morale du monde et de la vie, son explication et la solution de la contradiction existant entre elle et le monde sont tellement difficiles, qu'il a pu m'être réservé d'exposer le véritable et seul pur fondement de la moralité, efficace en tous lieux et en tout temps, ainsi que son but. La moralité du progrès moral est trop de mon côté, en cette matière, pour me faire craindre que ma doctrine soit jamais minée et remplacée par une autre.

Quoique mon éthique elle-même reste ignorée des professeurs, le principe moral kantien prévaut dans les Universités, et, parmi ses formes diverses, celle de la « dignité de l'homme » est maintenant la plus en faveur. J'ai déjà montré son inanité dans mon traité sur le *Fondement de la morale* (§ 8). Pour cette raison, je n'en dis pas plus ici. Si l'on demandait sur quoi

repose cette prétendue dignité de l'homme, la réponse
serait qu'elle repose sur sa moralité. Ainsi, la moralité
repose sur la dignité, et la dignité sur la moralité.
Mais, ceci mis à part, c'est seulement d'une façon iro-
nique que la conception de dignité me semble appli-
cable à un être aussi malade de volonté, aussi limité
d'intelligence, aussi débile de corps que l'homme.

> Quid superbit homo ? cujus conceptio culpa,
> Nasci pœna, labor vita, necesse mori ! [1]

Aussi voudrais-je établir, par opposition à la forme
indiquée du principe moral de Kant, la règle suivante :
n'entreprenez pas d'apprécier objectivement, quant à
sa valeur et à sa dignité, l'être avec lequel vous entrez
en contact; ne prenez donc pas en considération la
perversité de sa volonté, la limitation de son intelligence ni la fausseté de ses idées. La première pourrait
aisément éveiller contre lui la haine, la dernière le
mépris. Tenez seulement compte de ses souffrances,
de sa misère, de ses angoisses, de ses douleurs. Alors
nous nous sentirons toujours apparentés à lui, nous
sympathiserons toujours avec lui, et, au lieu de la
haine ou du mépris, nous éprouverons pour lui cette
compassion qui est la seule ἀγάπη (affection) à laquelle
nous convie l'Evangile. Pour empêcher la haine et le
mépris de se soulever contre lui, ce n'est certainement pas la recherche de sa prétendue dignité, mais,
au contraire, l'affirmation de la sympathie, qui est le
point de vue véritable.

---

1. « De quoi s'enorgueillit l'homme, dont la conception est
une faute, la naissance une douleur, la vie une fatigue, et qui
est voué à la mort ! »

Les bouddhistes, en conséquence de leurs profondes idées éthiques et métaphysiques, partent non des vertus cardinales, mais des vices cardinaux, dont les vertus cardinales apparaissent d'emblée comme les antithèses ou les négations. Suivant l'*Histoire des Mongols orientaux* de J.-J. Schmidt (voir p. 7), les vices cardinaux sont, pour les bouddhistes : la volupté, la paresse, la colère et l'avarice. Mais vraisemblablement l'orgueil doit remplacer la paresse : c'est du moins ainsi que ces vices sont énumérés dans les *Lettres édifiantes et curieuses*, édit. de 1819, t. VI, p. 372; l'envie, ou la haine, y est de plus ajoutée en cinquième lieu. A l'appui de ma rectification de l'allégation du très recommandable J.-J. Schmidt, vient s'ajouter l'accord de celle-ci avec les doctrines des soufis, qui étaient sous l'influence du brahmanisme et du bouddhisme. Ceux-ci en effet établissent les mêmes vices cardinaux, et, d'une façon très frappante, par couples, de sorte que la volupté entre en scène avec l'avarice, et la colère avec l'orgueil. (Voir Tholuck, *Fleurs du mysticisme oriental*, p. 206). Volupté, colère et avarice se trouvent déjà énoncées dans le *Bhagavat Gita* (XVI, 21) comme vices cardinaux : ce qui atteste le grand âge de la doctrine. De même, dans le *Prabodha-Chandrodaya*, ce drame philosopho-allégorique si important pour la philosophie du Védanta, ces trois vices cardinaux apparaissent comme les trois généraux du roi Passion dans sa guerre contre le roi Raison [1]. Les vertus cardinales opposées à ces vices cardi-

1. *Krishna Miçra, Prabodha-Chandrodaya, ou la naissance de l'idée.* Drame théologico-philosophique, traduit du sanscrit (en allemand), et accompagné d'une préface par Rosenkranz (1842).

---

naux, qu'on verrait apparaître, seraient la chasteté et la générosité, associées à la douceur et à l'humilité.

Si maintenant l'on compare à ces idées fondamentales de l'éthique, établies avec tant de profondeur par l'Orient, les vertus cardinales platoniciennes, si célèbres et tant prônées, la justice, la bravoure, la modération et la sagesse, on les trouvera dépourvues d'une idée fondamentale claire et directrice, donc superficiellement choisies, et en partie même manifestement fausses. Les vertus doivent être des qualités de la volonté ; mais la sagesse appartient directement à l'intelligence. La σωφροσύνη, que Cicéron traduit par *temperantia* et la langue allemande par *Mässigkeit* (modération), est une expression très indéterminée et très ambiguë sous laquelle on peut ranger beaucoup de choses, telles que réflexion, sobriété, tête solide ; elle vient vraisemblablement de σῶον ἔχειν τὸ φρονεῖν, ou, comme le dit Hiérax dans Stobée (*Florides*, titre V, § 60) : Ταύτην τὴν ἀρετὴν σωφροσύνην ἐκάλεσαν σωτηρίαν οὖσαν φρονήσεως. La bravoure n'est pas une vertu, bien que parfois elle puisse venir en aide à la vertu ; mais elle est également prête à servir la cause la plus indigne ; c'est en réalité une propriété du tempérament. Déjà Geulincx[1],

---

1. Geulincx (Arnold), né à Anvers en 1624, mort à Leyde en 1669, fut professeur de philosophie et de théologie protestante dans cette dernière ville. Il a publié divers ouvrages écrits en latin : *Saturnalia, Logica,* Γνῶθι σεαυτον, *sive Ethica, Compendium physicum, Metaphysica vera, Collegium oratorium,* etc., dont les plus remarquables sont posthumes. Geulincx est un philosophe cartésien qui a de la profondeur et de l'originalité, mais que la gloire de Spinoza et de Malebranche rejeta dans la pénombre. De nos jours on a commencé à lui faire réparation. Le professeur J.-P.-N. Land a donné une édition de ses œuvres : *Opera philosophica,* La Haye, 1891-1893, 3 vol. (*Le trad.*)

dans la préface de son *Ethique*, a rejeté les vertus cardinales platoniciennes, qu'il a remplacées par celles-ci : *diligentia, obedientia, justitia, humilitas*. Evidemment un mauvais choix. Les Chinois énumèrent cinq vertus cardinales : la pitié, la justice, la politesse, la science et la sincérité (*Journal asiatique*, t. IX, p. 62). Samuel Kidd, dans son livre sur la *Chine* (Londres, 1841, p. 197), les dénomme bienveillance, droiture, convenance, sagesse et sincérité, et commente abondamment chacune. Le christianisme n'a pas de vertus cardinales; il n'a que des vertus théologales : foi, amour et espérance.

Le point où commencent à se séparer les vertus morales et les vices de l'homme, est cette opposition de notre attitude fondamentale envers les autres, qui prend ou le caractère de l'envie, ou celui de la sympathie. Car chaque homme porte en soi ces deux particularités diamétralement opposées, vu qu'elles proviennent de l'inévitable comparaison de son propre état avec celui des autres; et selon la manière dont le résultat affecte son caractère individuel, l'une ou l'autre de ces particularités deviendra son attitude fondamentale et la source de sa conduite. L'envie, elle, consolide la muraille entre vous et moi; pour la sympathie, cette muraille devient mince et transparente; parfois même elle s'écroule complètement, cas auquel disparaît la distinction entre moi et ce qui n'est pas moi.

La bravoure, dont il vient d'être question, ou, plus exactement, le courage qui réside à sa base (car la bravoure est simplement le courage à la guerre), mérite d'être examiné de plus près. Les anciens mettaient

le courage au nombre des vertus, la lâcheté au nombre
des vices. Mais cette idée n'est pas d'accord avec le
sens moral chrétien, qui incline à la bienveillance et à
la patience, et qui défend toute inimitié, même la
résistance; aussi les modernes l'ont-ils abandonnée.
Nous devons cependant concéder que la lâcheté ne
nous semble pas compatible avec un noble caractère;
il suffit déjà pour cela de l'excessif souci de sa propre
personne qui s'y trahit. Le courage se ramène au fait
que l'on affronte volontairement, à un moment donné,
des maux qui vous menacent, pour éviter des maux
futurs plus grands; tandis que la lâcheté fait l'opposé.
Le courage est donc le caractère de la patience, qui
consiste à percevoir clairement qu'il y a de plus grands
maux encore que les maux présents, et qu'on pourrait
se les attirer en s'y dérobant violemment ou en se
défendant contre eux. Le courage serait donc une sorte
de patience, et comme c'est celle-ci qui nous rend
capables de privations et de sacrifices de tout genre,
le courage, grâce à elle, est au moins apparenté aussi
à la vertu.

Mais peut-être se laisse-t-il envisager à un point de
vue plus élevé encore. On pourrait, par exemple, ramener la crainte de la mort à l'absence de cette métaphysique naturelle, par conséquent simplement sentie, en
vertu de laquelle l'homme porte en lui la conscience
qu'il existe aussi bien en tous, et en tout, qu'en sa
propre personne, dont la mort doit, pour cette raison,
peu le préoccuper. De cette conscience devrait donc
naître le courage héroïque, de la même source, logiquement (comme se le rappelleront les lecteurs de
mon *Ethique*), que les vertus de justice et d'amour du

prochain. Cela s'appelle aborder la chose de haut ; cependant il n'est pas facile d'expliquer pourquoi la lâcheté paraît méprisable, tandis que le courage personnel paraît noble et élevé. On ne peut voir, en effet, d'un point de vue plus bas, pourquoi un individu fini, qui est tout pour lui-même, qui est même la condition fondamentale de l'existence du reste du monde, ne subordonnerait pas toutes les autres choses à la conservation de son « moi ». Aussi une explication exclusivement immanente, c'est-à-dire purement empirique, fondée uniquement sur l'utilité du courage, ne suffirait-elle pas. De là vient peut-être que Calderon a émis un jour sur le courage une idée sceptique, mais digne d'attention ; il nie sa réalité, et cela par la bouche d'un vieux et sage ministre s'adressant à son jeune roi :

> Que aunque el natural temor
> En todos obra igualmente,
> No mostrarle es ser valiente,
> Y esto es lo que hace el valor[1].
>
> (*La Fille de l'air*, 2° partie, 2° journée).

Au sujet des différences mentionnées entre l'estimation du courage comme vertu chez les anciens et chez les modernes, il faut encore considérer que les anciens entendaient par vertu, *virtus*, ἀρετή, chaque excellence, chaque qualité louable en elle-même, morale, intellectuelle, ou simplement corporelle. Mais après que le christianisme eût montré que la tendance fondamentale de la vie est une tendance morale, on n'entendit

---

1. « Bien que la crainte naturelle agisse également chez tous les hommes, c'est être vaillant que de ne pas la montrer, et c'est ce qui constitue la bravoure ».

plus par le mot vertu que les qualités morales. En
attendant, on trouve le mot avec son sens primitif
chez les anciens latinistes, comme aussi en italien,
ainsi que le prouve la signification bien connue du
mot *virtuoso*. Les maîtres devraient appeler expressément l'attention des écoliers sur cette extension de
l'idée de vertu chez les anciens; autrement, elle pourrait engendrer facilement chez eux une perplexité
secrète. A cette fin, je recommande particulièrement
deux passages qui nous ont été conservés par Stobée.
Le premier, dû probablement au pythagoricien Méto-
pos (*Florilège*, titre I, § 64), où est expliquée la capacité de chaque membre de notre corps pour l'ἀρετή; le
second, qui se trouve dans ses *Eglogues physiques et
éthiques* (livre II, chap. vii). On y lit en toutes lettres :
σκυτοτόμου ἀρετὴν λέγεσθαι καθ' ἥν ἀποτελεῖν ἄριστον ὑπόδημα
δύναται. (Un cordonnier a de la vertu, suivant qu'il con-
fectionne bien sa chaussure.) Ceci explique pourquoi il
est question, dans l'éthique des anciens, de vertus et
de vices qui ne trouvent pas place dans la nôtre.

Comme la place assignée à la bravoure parmi les
vertus, celle assignée à l'avarice parmi les vices est
douteuse. Toutefois il ne faut pas confondre celle-ci
avec la cupidité, qu'exprime directement le mot latin
avaritia. Aussi allons-nous examiner une bonne fois
le pour et le contre au sujet de l'avarice, en laissant à
chacun le soin du jugement final.

A. — Ce n'est pas l'avarice qui est un vice, mais son
contraire, la prodigalité. Elle résulte d'une limitation
bestiale au présent, sur lequel l'avenir, qui n'existe
encore qu'en idée, ne peut obtenir aucun pouvoir, et

elle repose sur l'illusion de la valeur positive et réelle
des plaisirs sensuels. L'indigence et la misère futures
sont en conséquence le prix auquel le prodigue achète
ces plaisirs vides, fugitifs, souvent même purement
imaginaires, ou repaît sa vaine et sotte vanité des
courbettes de ses parasites, qui rient de lui derrière
son dos, comme de l'étonnement de la populace et des
envieux de sa magnificence. Pour cette raison l'on doit
le fuir, comme on fuit un pestiféré, et, dès que l'on a
découvert son vice, rompre avec lui. Ainsi l'on n'aura
pas plus tard, quand les conséquences se produiront,
ou à en supporter sa part, ou à jouer le rôle des amis
de Timon d'Athènes. De même il ne faut pas compter
que celui qui dissipe imprudemment sa fortune, lais-
sera intacte celle d'autrui, si elle vient à lui tomber
entre les mains. *Sui profusus, alieni appetens* [1], a
très justement remarqué Salluste (*Catilina*, chap. v).
La prodigalité ne mène donc pas seulement à l'appau-
vrissement, elle mène de plus, par celui-ci, au crime ;
les criminels des classes élevées le sont presque tous
devenus par leur prodigalité. Le Koran dit avec raison : « Les prodigues sont frères de Satan. » (*Sura*
XVII, verset 29). L'avarice, au contraire, a la super-
fluité dans son cortège ; et quand donc celle-ci n'est-
elle pas souhaitable? Ce doit être là un bon vice
ayant de bonnes conséquences. L'avare, en effet, procède du principe exact que tous les plaisirs n'exercent
qu'une action négative, et que, par suite, une félicité
constituée par eux est une chimère ; tandis que les douleurs sont positives et très réelles. Alors il se refuse

---

1. « Prodigue de son argent, convoiteux de celui d'autrui ».

ceux-là, pour s'assurer d'autant mieux contre celles-ci ;
le *sustine et abstine* devient sa maxime. Et comme il
sait en outre combien sont inépuisables les possibi-
lités du malheur et innombrables les voies du danger,
il prend ses mesures contre eux, afin de s'environner
d'une triple muraille protectrice. Qui peut dire où les
précautions contre les coups de la fortune commencent
à devenir excessives? Celui-là seul qui saurait où finit
la malignité de celle-ci. Et même si les précautions
étaient excessives, cette erreur lui nuirait tout au plus
à lui-même, et non aux autres. N'aura-t-il jamais
besoin des trésors qu'il entasse : dans ce cas, ils profi-
teront un jour à d'autres, que la nature a créés moins
prévoyants. Que jusque-là il soustraie l'argent à la
circulation, il n'y a pas de mal, car l'argent n'est pas
un article de consommation; il représente uniquement
les biens réels, utilisables; il n'est pas lui-même un
bien. Les ducats ne sont au fond que des jetons à
compter; ce qui a de la valeur, ce n'est pas eux, mais
ce qu'ils représentent; et cela, l'avare ne peut le reti-
rer de la circulation. En outre, sa mainmise sur l'argent augmente juste d'autant la valeur de ce qui reste
en circulation. Si, comme on l'affirme, maint avare
finit par aimer l'argent directement et pour lui-même,
maint prodigue, cela n'est pas moins certain, aime
également la dépense et le gaspillage directement
pour eux-mêmes. L'amitié ou même les rapports de
parenté avec l'avare sont non seulement sans danger,
mais désirables, car ils peuvent produire de grands
avantages. Quoi qu'il en soit, ses proches récolteront
après sa mort les fruits de son abstinence; et de son
vivant aussi, dans les nécessités extrêmes, on peut

espérer quelque chose de lui, en tout cas toujours plus
que du prodigue déplumé, qui n'a pas le sou et est
accablé de dettes. *Mas dà el duro que el desnudo* [1], dit
un proverbe espagnol. En conséquence de tout ceci,
l'avarice n'est pas un vice.

B. — Elle est la quintessence des vices. Si les plaisirs
physiques détournent l'homme de la voie droite, sa
nature sensuelle, ce qu'il y a de bestial en lui, en porte
la faute. Entraîné par l'excitation et subjugué par l'impression du moment, il agit sans réflexion. Au contraire, quand, par faiblesse physique ou par suite de
la vieillesse, il en est arrivé là que les vices, qu'il ne
pouvait abandonner, l'abandonnent, son aptitude aux
plaisirs sensuels étant morte, alors, s'il tourne à l'avarice, l'appétit intellectuel survit à l'appétit charnel.
L'argent, qui est le représentant de tous les biens de
ce monde, leur abstraction, devient désormais le tronc
aride auquel se cramponnent ses appétits éteints, comme
égoïsme *in abstracto*. Ils se régénèrent à partir de
ce moment dans l'amour du mammon. Le désir fugitif
sensuel s'est transformé en un appétit raisonné et cal-
culé de l'argent, qui est, comme son objet, de nature
symbolique, et, comme lui, indestructible. C'est l'amour
obstiné, se survivant en quelque sorte, des jouissances
de ce monde, l'inconvertibilité absolue, la joie char-
nelle sublimée et spiritualisée, le foyer abstrait auquel
viennent aboutir tous les désirs, et qui est à ceux-ci ce
que l'idée générale est à la chose particulière. L'avarice
est en conséquence le vice de la vieillesse, comme la
prodigalité est celui de la jeunesse.

---

1. « L'homme dur donne plus que l'homme nu ».

La *disputatio in utramque partem* à laquelle on vient d'assister nous amène très naturellement à la morale du « juste milieu » d'Aristote. La considération suivante lui est encore favorable.

Toute perfection humaine est apparentée à un défaut dans lequel elle menace de tomber; et, à l'inverse, chaque défaut est apparenté à une perfection. De là résulte souvent l'erreur que nous commettons au sujet d'un homme : au début de la connaissance que nous lions avec lui, nous confondons ses défauts avec les perfections qui y sont apparentées, ou au rebours. Alors le prudent nous semble lâche, l'économe avare; ou bien le prodigue, libéral; le butor, loyal et sincère; l'impertinent, doué d'une noble confiance en lui-même, etc.

Celui qui vit parmi les hommes se sent toujours tenté d'admettre que la méchanceté morale et l'incapacité intellectuelle sont étroitement unies, puisqu'elles ont une seule et même racine. Mais cependant il n'en est pas ainsi, et je l'ai démontré longuement dans les Suppléments au *Monde comme volonté et comme représentation*. Cette illusion, qui naît simplement de ce qu'on les trouve souvent ensemble, s'explique par le fait qu'elles apparaissent très fréquemment toutes deux; en conséquence, il leur arrive aisément d'habiter sous le même toit. On ne peut nier, cependant, qu'elles ne jouent à cache-cache l'une avec l'autre à leur commun avantage; de là résulte l'aspect si peu satisfaisant qu'offrent un trop grand nombre d'hommes, et le monde va comme il va. La stupidité est spécialement favorable à la claire manifestation de

la fausseté, de la bassesse et de la méchanceté, tandis
que l'intelligence s'entend mieux à les dissimuler. Et
que de fois, d'autre part, la perversité du cœur empêche l'homme d'apercevoir des vérités à la hauteur desquelles atteindrait son intelligence !

Cependant, ne nous surfaisons pas, tous tant que
nous sommes. Le plus grand génie lui-même est incontestablement limité dans une sphère quelconque de la
connaissance, et proclame par là sa parenté avec la
race humaine essentiellement pervertie et absurde.
Chacun porte en soi, au point de vue moral, quelque
chose d'absolument mauvais, et même le meilleur et le
plus noble caractère nous surprendra parfois par des
traits individuels de bassesse ; il confesse ainsi en
quelque sorte sa parenté avec la race humaine, où l'on
voit se manifester tous les degrés d'infamie et même
de cruauté. Car c'est précisément par ce mauvais côté,
par ce principe du mal qu'il porte en lui-même, qu'il a
dû devenir un homme. Et, pour cette raison, le monde
est exactement ce que l'a montré mon fidèle miroir.

Nonobstant tout cela, la différence entre les hommes
reste incalculablement grande, et beaucoup recule-
raient d'effroi en voyant les autres tels qu'ils sont eux-
mêmes. Oh ! donnez-nous un Asmodée[1] de la moralité,
qui rende transparents pour son favori non seulement
les toits et les murailles, mais le voile de dissimulation, de fausseté, d'hypocrisie, de grimaces, de mensonges et d'illusion étendu sur toutes choses, et lui

1. Allusion au *Diable boiteux* de Lesage, que celui-ci a imité
du *Diablo cojuelo* de Luis Perez de Guevara. C'est Lesage seul
qui a donné le nom d' « Asmodée » à son diable. L'auteur
espagnol ne nomme jamais celui-ci que « el Cojuelo ».

(*Le trad.*)

fasse voir combien peu de véritable honnêteté on
trouve dans le monde, et combien fréquemment,
même là où on le soupçonne le moins, derrière tous les
extérieurs vertueux, secrètement et au fond le plus
reculé, la malhonnêteté est assise au gouvernail ! C'est
de là que viennent les amitiés à quatre pattes de tant
d'hommes des meilleurs ; car, en vérité, où trouverait-
on une consolation contre la dissimulation, la fausseté
et la ruse infinies de l'espèce humaine, s'il n'y avait pas
de chiens, dont l'honnête figure peut être regardée sans
méfiance ?

Notre monde civilisé n'est donc en réalité qu'une
grande mascarade. On y trouve des chevaliers, des
curés, des soldats, des docteurs, des avocats, des prêtres, des philosophes, et tout le reste ; mais ils ne sont
pas ce qu'ils représentent ; ils ne sont que des masques
sous lesquels, en règle générale, se cachent des spéculateurs (*moneymakers*). L'un revêt le masque du droit
qu'il a emprunté à son avocat, uniquement pour pouvoir fourrer un autre dedans. Un second a choisi, dans
le même but, celui du bien public et du patriotisme ;
un troisième, celui de la religion, de la pureté de la foi.
Beaucoup déjà se sont affublés, à toutes sortes de fins,
du masque de la philosophie, de la philanthropie, etc.
Les femmes ont moins de choix : la plupart emploient
le masque de la pureté, de la décence, des occupations
domestiques et de la modestie. Il y a aussi des masques
généraux, sans caractère particulier, comme qui dirait
les dominos que l'on rencontre partout. Parmi eux se
rangent la sévère intégrité, la politesse, la sympathie
sincère et l'amabilité ricaneuse. Sous tous ces masques
se cachent, comme nous venons de le dire, à peu près

uniquement des industriels, des commerçants et des
spéculateurs. Les marchands constituent sous ce rapport
la seule classe honnête. Seuls ils se donnent pour ce
qu'ils sont, vont en conséquence sans masque, et occu-
pent pour cette raison un rang peu élevé. Il est très
important d'apprendre de bonne heure, dès sa jeunesse, qu'on se trouve au milieu d'une mascarade.
Autrement il est beaucoup de choses qu'on ne pourra
ni comprendre ni atteindre. On restera devant elles
tout perplexe, à commencer par l'homme *cui ex me-*
liore luto dedit præcordia Titan[1]. Parmi ces choses
sont la faveur acquise à la bassesse ; le mépris dont est
l'objet l'homme de mérite, même du plus rare et du
plus grand mérite, de la part de ceux qui cultivent la
même branche que lui ; la haine de la vérité et des
grandes capacités, l'ignorance des savants dans leur
propre science, et la recherche des produits artificiels
au détriment des produits vrais. Il faut donc enseigner
aux jeunes gens que, dans cette mascarade, les pommes sont en cire, les fleurs en soie, les poissons en car-
ton, que tout n'est que farce et plaisanterie ; et que de
ces deux hommes qu'ils voient si sérieusement aux
prises ensemble, l'un ne vend que de la fausse marchandise, que l'autre paie avec des jetons à compter.

Mais il y a des considérations plus sérieuses à exposer et de pires choses à dire. L'être humain est, au fond,
un animal sauvage et effroyable. Nous le connaissons
seulement dompté et apprivoisé par ce qu'on nomme
la civilisation ; voilà pourquoi nous nous effrayons des
explosions occasionnelles de sa nature. Mais quand une

1. « Dont le dieu suprême a créé les entrailles du meilleur
limon ».

fois le verrou et la chaîne de l'ordre légal sont tombés et que l'anarchie apparaît, alors il montre ce qu'il est. Celui qui, même sans cette occasion, voudrait se renseigner à ce sujet, peut se convaincre, par des centaines de récits anciens et modernes, que l'homme ne le cède en cruauté et en impitoyabilité à aucun tigre ni à aucune hyène. Un exemple de poids pour le temps présent est fourni par la réponse que fit en 1840 la Société antiesclavagiste de l'Amérique du Nord à la Société antiesclavagiste britannique, qui s'était informée auprès d'elle de la manière dont étaient traités les esclaves dans son pays. Cette réponse a pour titre : *Slavery and the internal Slavetrade in the United States of North-America: being replies to questions transmitted by the British Antislavery-Society to the American Antislavery-Society.* Londres, 1841, 280 pages. Ce livre constitue un des actes d'accusation les plus accablants contre l'humanité. Personne ne le refermera sans horreur, et peu de gens sans verser des larmes. En effet, ce que le lecteur peut avoir jamais entendu dire, ou imaginé, ou rêvé, en fait de dureté ou de cruauté humaine, lui semblera insignifiant, s'il lit comment ces démons à face d'hommes, ces coquins bigots qui vont à l'église et observent le sabbat, spécialement les calotins anglicans qui se trouvent parmi eux, traitent leurs frères noirs innocents, que l'injustice et la violence ont fait tomber sous leurs griffes diaboliques. Ce livre, composé de comptes rendus secs, mais authentiques et documentés, révolte à un tel degré tout sentiment humain, qu'on pourrait, le tenant à la main, prêcher une croisade en vue de l'assujettissement et du châtiment des États esclavagistes de l'Amérique du Nord :

car ils sont la honte de l'humanité entière. Un autre exemple datant de nos jours — pour beaucoup de gens le passé n'a plus de valeur — se trouve dans les *Voyages au Pérou*, de Tschudi (1846), et concerne le traitement infligé aux soldats péruviens par leurs officiers[1]. Mais nous n'avons que faire d'aller chercher des exemples dans le Nouveau-Monde, ce revers de la planète. N'a-t-on pas découvert en Angleterre, en 1848, que dans un court espace de temps, et cela non pas une fois, mais des centaines de fois, un mari a empoisonné sa femme, ou une femme son mari, ou tous deux leurs enfants, ou torturé lentement ceux-ci à mort par la faim ou les mauvais traitements, uniquement pour recevoir des Sociétés mortuaires (*Burial Clubs*) les frais d'enterrement qui leur étaient assurés en cas de décès ! A cette fin ils faisaient inscrire un enfant dans plusieurs et jusque dans vingt de ces Sociétés à la fois. On peut voir à ce sujet le *Times* des 20, 22 et 23 septembre 1848, qui réclame vivement, pour cette raison seule, la suppression des Sociétés mortuaires. Ce journal renouvelle violemment la même plainte, le 12 décembre 1853.

Des rapports de ce genre appartiennent évidemment aux pages les plus noires des annales criminelles de la race humaine. Mais la source de ces faits et de tous les faits analogues n'en est pas moins l'essence intime et innée de l'homme, ce dieu κατ' ἐξοχήν (selon la règle) des panthéistes. En chacun réside avant tout un colossal égoïsme qui franchit le plus facilement du monde

1. Un exemple de ces tout derniers temps se trouve dans l'ouvrage de Mac Leod, *Travels in Eastern Africa*, Londres, 1860, 2 vol., qui enregistre la cruauté inouïe, froidement calculée, vraiment diabolique, avec laquelle les Portugais traitent leurs esclaves dans le Mozambique.

les bornes du droit; c'est ce que nous enseigne, en
petit, la vie quotidienne, et, en grand, chaque page de
l'histoire. La nécessité reconnue de l'équilibre européen, si anxieusement surveillé, ne révèle-t-elle pas par
elle seule que l'homme est une bête de proie qui, dès
qu'elle voit à sa portée un animal plus faible, l'assaille
infailliblement ? Et n'obtenons-nous pas chaque jour en
petit la confirmation de ce fait ?

Mais à l'égoïsme illimité de notre nature s'associe
encore, en proportions plus ou moins fortes, dans chaque cœur humain, une provision de haine, de colère,
d'envie, de fiel et de méchanceté, amassée comme le
poison dans la glande de la dent du serpent, et qui n'attend que l'occasion de se donner carrière, pour tem-
pêter et faire rage ensuite comme un démon déchaîné.
Si l'opportunité sérieuse fait défaut, elle finira par
mettre à profit l'occasion la plus mince, que son imagination grossit :

> Quantulacunque adeo est occasio, sufficit iræ [1].
> (Juvénal, *Satire XIII*, vers 183).

et elle poussera ensuite les choses aussi loin qu'elle
le pourra et l'osera. Nous le constatons dans la vie quotidienne, où l'on désigne ces éruptions sous cette
expression : « déverser sa bile sur quelque chose ». On
a aussi remarqué que quand ces éruptions ne rencontrent pas de résistance, le sujet s'en trouve ensuite
décidément mieux. Aristote a déjà observé que la colère
n'est pas sans jouissance : τὸ ὀργίζεσθαι ἡδύ (*Rhétorique*,
livre I, chap. xi ; livre II, chap. ii), et il cite à cet appui

1. « Si mince que soit l'occasion, elle suffit à la colère ».

un passage d'Homère, qui déclare la colère plus douce que le miel [1]. Mais ce n'est pas seulement à la colère, c'est aussi à la haine, qui est par rapport à elle ce qu'est une maladie chronique à une maladie aiguë, qu'on se livre réellement *con amore* :

> Now hatred is by far the longest pleasure :
> Men love in haste, but they detest at leisure [2].
> (Byron, *Don Juan*, chant XIII, strophe VI).

Gobineau [3], dans son livre sur les *Races humaines*, a

1. Ce passage se trouve dans les deux vers suivants de *l'Iliade* (chant XVIII, 109-110) :

> ὅστε πολὺ γλυκίων μέλιτος καταλειβομένοιο
> ἀνδρῶν ἐν στήθεσσιν ἀέξεται, ἠύτε καπνός.

« Qui, plus douce encore que le miel, qui coule avec limpidité, se gonfle dans la poitrine des hommes comme une vapeur. »
(*Le trad.*)

2. « La haine est de beaucoup le plaisir le plus durable. Les hommes aiment rapidement, mais ils détestent longuement ».

3. Le comte de Gobineau (Joseph-Arthur), né à Ville-d'Avray (d'autres disent à Bordeaux) en 1816, entra en 1849 au ministère des Affaires étrangères, et fut successivement secrétaire d'ambassade à Berne, à Hanovre, à Francfort, ministre en Perse de 1862 à 1864, en Grèce de 1864 à 1868, au Brésil, puis en Suède, de 1872 à 1877. Après sa mise à la retraite, il s'établit à Rome, et mourut en 1882 à Turin. Le comte de Gobineau a beaucoup écrit, et ses ouvrages sont en général remarquables : ils embrassent les genres les plus divers, depuis l'étude des caractères cunéiformes et l'histoire des civilisations jusqu'au roman et à la poésie. Son livre le plus important est l'*Essai sur l'inégalité des races humaines* (1853) ; c'est la base de tous les travaux de l'auteur, et la théorie qui en fait le fond — celle de l'anthropologie des diverses nationalités — se retrouve jusque dans son grand poème d'*Amadis* ; c'est en même temps le point de départ de la nouvelle école ethnologique. Il est intéressant de constater que les Allemands se sont de bonne heure occupés des travaux du comte de Gobineau, et alors qu'aujourd'hui encore il n'est guère connu en France que des érudits, qu'ils lui consacrent des études sérieuses et traduisent ses œuvres jusque dans des collections populaires à très bon marché. Il y a évidemment une affinité

nommé l'homme « l'animal méchant par excellence[1] »,
jugement qui soulève des protestations, parce qu'on se
sent atteint par lui ; il a néanmoins raison. L'homme
est en effet l'unique animal qui inflige des douleurs aux
autres sans but déterminé. Les autres animaux ne le
font jamais que pour apaiser leur faim, ou dans l'ardeur
de la lutte. On répète toujours que le tigre tue plus
qu'il ne mange ; il n'égorge toutefois qu'avec l'intention
de se repaître, et c'est le cas de dire, en employant
l'expression française, que « ses yeux sont plus grands
que son estomac[2] ». Aucun animal ne torture uniquement pour torturer ; mais l'homme le fait, et ceci constitue le caractère diabolique, infiniment pire que le
caractère simplement bestial. Il a déjà été question de
la chose en grand ; elle n'est pas moins évidente en
petit, comme chacun a l'occasion quotidienne de l'observer. Par exemple, deux jeunes chiens jouent ensemble, — spectacle pacifique et charmant. Un enfant de
trois à quatre ans arrive, et ne manque guère de les
frapper aussitôt de son fouet ou de son bâton, montrant
ainsi qu'il est déjà « l'animal méchant par excellence ».
Les si fréquentes taquineries sans but et les mauvaises
plaisanteries découlent aussi de cette source. Vient-on,
je suppose, à exprimer son mécontentement au sujet
d'un dérangement ou de tout autre petit désagrément,
il ne manquera pas de gens qui vous les imposeront
uniquement pour cette raison : animal méchant par

entre certaines idées de ce publiciste distingué et quelques-unes
des idées actuellement à l'ordre du jour chez nos voisins d'outre-
Rhin.

                                             (Le trad.)

1. En français dans le texte.
2. Egalement en français.

excellence ! Ceci est tellement certain, qu'on doit se
garder de manifester son déplaisir de petits ennuis ; et
même, à l'inverse, sa satisfaction de petites choses.
Dans ce dernier cas, les gens feront comme ce geôlier
qui, ayant découvert que son prisonnier était parvenu,
avec beaucoup de peine, à apprivoiser une araignée et
y trouvait un grand plaisir, l'écrasa sur-le-cl.amp : animal méchant par excellence ! Voilà pourquoi tous les
animaux craignent instinctivement l'aspect et même
la trace de l'homme, — de « l'animal méchant par
excellence ». En cela l'instinct ne les trompe pas :
l'homme seul, en effet, fait la chasse à la proie qui ne
lui est ni utile ni nuisible.

Il y a réellement dans le cœur de chacun de nous
une bête sauvage qui n'attend que l'occasion de se
déchaîner, désireuse qu'elle est de faire du mal aux
autres, et, si ceux-ci lui barrent la route, de les anéantir.

C'est de là que naît tout le plaisir du combat et de
la guerre ; et c'est cet instinct que l'intelligence, sa
gardienne particulière, a charge constante de dompter
et de maintenir en quelque mesure dans les bornes.
On peut l'appeler le mal radical, définition dont se con-
tenteront ceux pour qui un mot remplace une explication. Mais je dis : c'est la volonté de vivre qui, toujours de plus en plus aigrie par les douleurs perpé-
tuelles de l'existence, cherche à alléger sa propre peine
en infligeant des peines aux autres. De cette façon, la
volonté de vivre se développe peu à peu en méchancetés et en cruauté véritables. On peut aussi remarquer
ici que, de même que la matière, selon Kant, n'existe
que par l'antagonisme de la force expansive et contrac-
tive, ainsi la société humaine n'existe que par l'anta-

gonisme de la haine, de la colère ou de la peur. La
laideur de notre nature ferait en effet peut-être un jour
de chacun de nous un meurtrier, s'il ne s'y mêlait pas
une forte dose de peur, qui la maintient dans les
bornes ; et cette peur seule, à son tour, nous rendrait
l'objet de la moquerie et le jouet de chaque enfant, si
notre colère n'était pas là toute prête à surgir et à faire
bonne garde.

Mais le plus déplorable trait de la nature humaine
reste le plaisir de nuire, étroitement apparenté à la
cruauté, et qui ne se distingue en réalité de celle-ci
que comme la théorie de la pratique. Il apparaît généralement là où la sympathie devrait trouver sa place,
la sympathie qui, son opposée, est la véritable source
de toute vraie justice et de l'amour du prochain. Dans
un autre sens, l'envie est opposée à la sympathie, en
ce qu'elle est provoquée par l'occasion inverse. Son
opposition à la sympathie repose donc directement
sur l'occasion, et se manifeste aussi dans le sentiment
comme une conséquence de celle-ci. L'envie, quoique
condamnable, est donc susceptible d'excuse, et est émi-
nemment humaine ; tandis que le plaisir de nuire est
diabolique, et que sa moquerie est le rire de l'enfer. Il
apparaît, nous l'avons dit, justement là où la sympathie devrait apparaître ; tandis que l'envie n'apparaît
que là où il n'y a pas de motif pour celle-ci, et où ce
serait plutôt le contraire. C'est à ce dernier titre qu'elle
naît dans le cœur humain, et constitue donc encore un
sentiment humain ; je crains même que personne n'en
soit complètement exempt. Que l'homme, en effet, devant
la fortune et les joies des autres, sente d'autant plus
amèrement ses propres besoins, cela est naturel, et

même inévitable ; seulement, cette situation ne devrait
pas exciter sa haine contre l'homme plus fortuné ; et
c'est précisément en ceci que consiste l'envie proprement dite. En tout cas, ce qui devrait le moins la provoquer, ce sont les dons de nature, qu'il ne faut pas
confondre avec ceux dus au hasard ou à la faveur
d'autrui.

Toute chose innée repose sur une base métaphysique, c'est-à-dire a une justification d'espèce supérieure
et existe en quelque sorte par la grâce de Dieu. Malheureusement, l'envie agit tout au rebours. Elle pardonne
le moins les avantages personnels, et l'intelligence,
même le génie, doivent en conséquence implorer d'abord
le pardon du monde, quand ils ne sont pas en situation
de pouvoir mépriser fièrement et hardiment celui-ci.
Quand, notamment, l'envie est excitée seulement par
la richesse, le rang ou la puissance, elle est souvent
encore atténuée par l'égoïsme. Celui-ci se rend compte
qu'on peut espérer de la personne enviée, le cas échéant,
secours, plaisir, assistance, protection, avancement,
etc., ou que tout au moins, en la fréquentant, un reflet
de sa splendeur peut l'honorer lui-même ; et l'on a toujours l'espoir d'acquérir soi-même un jour tous ces
biens. Au contraire, pour l'envie qui s'en prend aux
dons naturels et aux avantages personnels, tels que la
beauté chez les femmes, l'intelligence chez les hommes,
il n'y a aucune consolation de cette espèce ni d'espérance de l'autre ; il ne lui reste qu'à haïr amèrement et
implacablement les êtres ainsi privilégiés. Son seul
désir est donc d'exercer une vengeance sur son objet.
Mais ici sa malheureuse situation fait que tous ses
coups tombent sans force, dès qu'il apparaît qu'ils

sont venus d'elle. Aussi se cache-t-elle non moins
soigneusement que les péchés charnels secrets, et
invente-t-elle à l'infini des ruses, des pièges et des
artifices, de façon à se dissimuler et à atteindre son
objet sans être vue. L'envie ignorera de l'air le plus
innocent du monde, par exemple, les mérites qui rem-
plissent de rage son cœur, elle ne les verra pas, ne les
connaîtra pas, ne les aura jamais remarqués ni n'aura
entendu parler d'eux, et se montrera ainsi passée maîtresse en dissimulation. Avec une malice raffinée, elle
négligera comme absolument insignifiant l'homme
dont les brillantes qualités torturent son cœur, ne
s'apercevra pas qu'il existe, l'oubliera complètement.
Elle s'efforcera aussi avant tout, par des machinations
secrètes, d'enlever à ces mérites toute occasion de se
montrer et de se faire connaître. Elle lancera ensuite
sur eux, du fond de l'ombre, blâme, moquerie, raillerie et calomnie, semblable en cela au crapaud qui
éjacule son venin hors d'un trou. Elle n'en louera pas
moins avec enthousiasme des hommes insignifiants,
ou des productions médiocres, même mauvaises, dans
la même branche de travaux. Bref, elle devient un pro-
tée en stratagèmes, de manière à blesser sans se faire
voir. Mais à quoi tout cela sert-il? L'œil exercé ne la
reconnaît pas moins. Elle se trahit déjà par sa crainte
et sa fuite devant son objet, objet qui reste d'autant
plus isolé qu'il est plus brillant : voilà pourquoi les
jolies filles n'ont pas d'amies. Elle se trahit par sa
haine sans raison, qui à la moindre occasion, souvent
même purement imaginaire, éclate en formidable
explosion. Quelque étendue d'ailleurs que soit sa
famille, on la reconnaît à l'éloge universel de la mo-

destie, cette rusée vertu inventée au profit de la plate
banalité, qui néanmoins, par la nécessité qui la pousse
à épargner la médiocrité, la met précisément en
lumière. Il ne peut assurément y avoir rien de plus
flatteur pour notre amour-propre et notre orgueil que
la vue de l'envie au guet dans sa cachette et préparant
ses machinations; il ne faut toutefois jamais oublier
qu'elle est constamment accompagnée par la haine,
et l'on doit se garder de laisser l'envieux devenir un
faux ami. La découverte de l'envie est donc d'importance pour notre sécurité. On doit en conséquence
l'étudier, pour éventer ses pièges, car on la trouve
partout, elle va toujours *incognito*, ou, comme le crapaud venimeux, épie dans les trous sombres. Elle ne
mérite ni égards ni pitié, et il faut lui appliquer cette
règle :

> Tu n'apaiseras jamais l'envie;
> Tu peux donc t'en moquer à ton aise.
> Ton bonheur et ta gloire sont pour elle une souffrance;
> Tu peux ainsi te repaître de son tourment [1].

Si, comme nous l'avons fait ici, on envisage la méchanceté humaine en inclinant à s'en effrayer, on doit
ensuite jeter les yeux sur la misère de l'existence
humaine, puis les reporter de nouveau sur la méchanceté en question, si cette misère vous effraye. Alors on
trouvera qu'elles se font l'une à l'autre équilibre, et
l'on deviendra conscient de l'éternelle justice, en
remarquant que le monde lui-même est son propre

---

[1].   Den Neid wirst nimmer du versöhnen :
So magst du ihn getrost verhöhnen.
Kein Glück, kein Ruhm ist ihm ein Leiden :
Magst drum an seiner Qual dich weiden.

tribunal, et en commençant à comprendre pourquoi
·tout ce qui vit doit expier son existence, d'abord par
la vie, puis par la mort. Le *malum pœnæ* apparaît
d'accord avec le *malum culpæ*. De ce même point de
vue se dissipe aussi notre indignation pour l'incapacité
intellectuelle du plus grand nombre, qui nous dé-
goûte si fréquemment dans l'existence. Ainsi *miseria
humana*, *nequitia humana* et *stultitia humana* se
répondent parfaitement dans ce *sansara* [1] des bouddhistes, et sont de la même grandeur. Mais si nous
examinons l'une à part et la mesurons spécialement, elle semble alors dépasser les deux autres
sous ce rapport. Ce n'est pourtant là qu'une illusion
et une simple conséquence de leur dimension colos-
sale.

Chaque chose proclame ce *sansara*; mais, plus que
chaque chose, le monde humain, dans lequel, moralement, méchanceté et bassesse, intellectuellement, incapacité et bêtise, dominent en une mesure effrayante.
Cependant il se manifeste en lui, quoique très spora-
diquement, mais d'une façon constante, qui nous
étonne toujours, des phénomènes d'équité, de bonté,
de noblesse d'âme, comme aussi de grande intelligence, d'esprit qui pense, même de génie. Ceux-ci ne
disparaissent jamais complètement. Ils luisent devant
nous comme des points isolés qui brillent hors de la
grande masse sombre. Nous devons les prendre comme
une assurance qu'il y a dans ce *sansara* un bon prin-

---

1. Le *sansara*, c'est le tourbillon vital, le mouvement toujours renouvelé qui, pendant les éternités, roule l'âme à travers
des angoisses et des douleurs sans nombre, auxquelles elle
aspire impatiemment à échapper.

(*Le trad.*)

cipe sauveur qui peut arriver à se manifester, en emplissant et en affranchissant l'ensemble.

Les lecteurs de mon *Éthique* savent que le fondement de la morale repose finalement pour moi sur la vérité qui a son expression dans le Véda et Védanta, conformément à la formule mystique établie : *Tattwam asi* (c'est toi-même), qui est prononcée en se référant à chaque chose vivante, homme ou animal, et qui est alors dénommée la *mahavakya*, la grande parole.

On peut en réalité regarder les actes conformes à celle-ci, par exemple la bienfaisance, comme le commencement du mysticisme. Chaque acte de bienfaisance pratiqué par un motif pur proclame que celui qui le pratique est en contradiction directe avec le monde phénoménal dans lequel un autre individu est entièrement séparé de lui-même, et se reconnaît identique à celui-ci. Tout acte de bienfaisance complètement désintéressé est cependant une action mystérieuse, un *mystère*; aussi a-t-il fallu, pour l'expliquer, recourir à toutes sortes de fictions. Après que Kant eut retiré au théisme tous ses autres supports, il lui laissa simplement celui-ci, à savoir qu'il donnait la meilleure explication de ces actes mystérieux et de tous ceux qui leur ressemblent. Il admettait en conséquence le théisme comme une hypothèse théoriquement non démontrable, mais valable au point de vue pratique. Que Kant ait été d'ailleurs en cela tout à fait sérieux, j'en doute. En effet, étayer la morale sur le théisme, c'est la ramener à l'égoïsme. Cependant les Anglais, comme chez nous aussi les plus basses classes sociales, ne voient pas la possibilité d'un autre fondement.

Ce fait de reconnaître sa propre et véritable essence dans un autre individu qui se manifeste objectivement, apparaît avec une beauté toute particulière dans les cas où un être humain, voué inévitablement à la mort, se dévoue avec un soin anxieux et un zèle actif au bien et au salut des autres. On connaît l'histoire de cette servante qui, mordue la nuit, dans la cour d'une ferme, par un chien enragé, et se sentant perdue, empoigne le chien et le traîne dans l'écurie, qu'elle referme, pour empêcher qu'il ne fasse d'autres victimes. De même cet épisode qui a eu Naples pour théâtre, et que Tischbein [1] a perpétué dans une de ses aquarelles. Fuyant devant la lave qui envahit rapidement la mer, un fils porte son vieux père sur ses épaules; mais quand une étroite bande de terre sépare seulement encore l'un de l'autre les deux éléments destructeurs, le père dit à son fils de le laisser là, et de se sauver en courant; sans quoi tous deux seraient perdus. Le fils obéit, et jette, en s'éloignant, un dernier regard d'adieu à son père. C'est la scène du tableau. De la même nature est le fait historique que Walter Scott décrit, avec sa maîtrise habituelle, dans

1. L'histoire de la peinture allemande enregistre le nom de cinq Tischbein, les deux oncles et les trois neveux. Celui dont il s'agit ici, Wilhelm, né à Hayna en 1751, mort à Eutin en 1829, est le plus connu. On l'appelle « le Napolitain », parce qu'il habita longtemps Naples. Élève de Raphaël Mengs, il s'éleva peu à peu de la pure virtuosité de son maître à l'art classique proprement dit, et finit même par aller jusqu'au réalisme. Son tableau le plus célèbre est *Goethe sur les ruines de Rome*, qui se trouve à l'Institut artistique de Städel, à Francfort, et que la gravure a rendu si populaire. Wilhelm Tischbein fut jusqu'à sa mort l'ami intime de l'auteur de *Faust*, qui parle plus d'une fois de lui.

(*Le trad.*)

le *Cœur de Midlothian* [1], chap. ii. Deux délinquants
ont été condamnés à mort, et celui qui, par sa ma-
ladresse, a amené la capture de l'autre, le délivre
heureusement, dans l'église où vient d'être prononcé
le sermon funèbre, en tenant vigoureusement en
respect la garde, tandis qu'il ne fait pas la moindre
tentative pour échapper lui-même. Citons également
ici, quoiqu'elle puisse être désagréable au lecteur
occidental, la scène souvent reproduite par la gravure, où un soldat déjà à genoux pour être fusillé,
cherche à éloigner de lui, en agitant vivement son
mouchoir, son chien qui veut le rejoindre. Dans tous
les cas de cette espèce, nous voyons un individu,
approchant avec une complète certitude de sa fin personnelle, oublier son propre salut pour s'appliquer
tout entier à celui d'un autre. La conscience pourrait-
elle s'exprimer plus clairement, pour témoigner que
cette fin est seulement celle d'un phénomène, et est
elle-même un phénomène, tandis que la véritable
essence de l'être qui finit demeure intacte, se perpétue
dans l'autre, en lequel le premier est en train de la
reconnaître si nettement, comme le démontre son
action? S'il n'en était pas ainsi, si nous avions devant
nous un être qui va véritablement périr, celui-ci pour-
rait-il, en effet, par le déploiement de ses dernières
forces, témoigner un aussi intense intérêt pour le bonheur et la continuation d'un autre?

1. Midlothian était le nom de la vieille prison d'Édimbourg,
démolie en 1817. C'est l'année suivante que Walter Scott publia
le roman très dramatique que lui avait inspiré la disparition de
l'antique geôle écossaise, où s'étaient déroulés tant d'événements
tragiques. L'action se passe en 1736.

(*Le trad.*)

Il y a en réalité deux manières opposées de devenir conscient de sa propre existence. La première, en intuition empirique, se déployant de l'intérieur, comme un être infiniment petit dans un monde illimité sous le rapport du temps et de l'espace ; comme *un seul* être parmi les mille millions d'êtres humains qui courent en tous sens sur ce globe terrestre, pour très peu de temps, en se renouvelant tous les trente ans. La seconde, en s'enfonçant dans son propre intérieur et en devenant conscient d'être tout en tout et véritablement le seul être réel qui se voit une fois encore dans l'autre qui lui est donné du dehors, comme dans un miroir. Or, que le premier mode de connaissance embrasse seulement le phénomène opéré par le *principium individuationis*, mais que le second soit une conscience immédiate de soi-même comme de la chose en soi, c'est là une doctrine dans laquelle, pour la première partie, j'ai Kant avec moi, et, dans les deux, le Véda. La simple objection contre le second mode est qu'elle présuppose qu'un seul et même être peut se trouver en même temps en différents endroits et pourtant en chacun. Mais quoique cela soit, au point de vue empirique, l'impossibilité la plus évidente et même une absurdité, ce n'en est pas moins absolument vrai de la chose en soi ; car cette impossibilité et cette absurdité reposent uniquement sur les formes du phénomène, qui constituent le *principium individuationis*. La chose en soi, la volonté de vivre, existe en effet dans chaque être, même le moindre, est présente entière et indivise aussi complètement que dans tous ceux qui jamais furent, sont et seront. C'est la raison pour laquelle chaque être, même le moindre, se dit à

lui-même : *Dum ego salvus sim, pereat mundus* [1]. Et,
réellement, si tous les autres êtres périssaient, dans le
seul être survivant subsisterait, intacte et non dimi-
nuée, toute l'essence en soi du monde, qui rirait de la
destruction de ceux-là comme d'une jonglerie. C'est là,
sans doute, une conclusion *per impossibile*, à laquelle
on est tout aussi bien en droit d'opposer celle-ci : si
un être, même le moindre, était complètement anéanti,
le monde entier périrait en lui et avec lui. En ce sens,
le mystique Angelus Silesius a dit :

Je sais que, sans moi, Dieu ne peut pas vivre un seul instant;
Si je suis anéanti, son esprit doit nécessairement disparaître [2].

Mais pour pouvoir constater en quelque mesure,
même au point de vue empirique, cette vérité, ou du
moins la possibilité que notre propre « moi » soit à
même d'exister dans d'autres êtres dont la conscience
est séparée et distincte de la nôtre, nous n'avons qu'à

---

1. « Pourvu que je sois sauf, le monde peut périr ».
2.   « Ich weiss dass ohne mich Gott nicht ein Nu kann leben ;
   Werd'ich zu nicht, Er muss von Noth den Geist aufgeben ».
              Cherubinischer Wandersmann, livre I. 8.
   Jean Scheffler, auteur du recueil de vers précité, *le Pèlerin
chérubique*, naquit à Breslau en 1624, abjura en 1653 le protes-
tantisme pour se faire catholique, occasion à laquelle il prit le
nom d'Angelus (l'*ange* de Silésie), et mourut chanoine de sa ville
natale, en 1677. Il poursuivit de sa haine acharnée et infatigable
ses anciens coreligionnaires, contre lesquels il ne publia pas
moins de cinquante-cinq pamphlets. Angelus Silesius est, avec
le jésuite Frédéric Spee, l'auteur du *Trutz Nachtigall* (*En dépit
du rossignol*), l'un des deux principaux représentants de la
poésie mystique au XVIIᵉ siècle allemand. Le second est d'ailleurs de beaucoup supérieur au premier. Il a de la force et de
l'imagination, tandis que la manière de celui-là, toute pénétrée
d'un panthéisme incohérent, dégénère trop souvent en fadeur
sentimentale.
                                        (*Le trad.*)

nous rappeler les somnambules magnétisés, dont le
« moi » identique, après leur réveil, ne sait rien de ce
qu'un moment auparavant ils ont dit, fait et souffert
eux-mêmes. La conscience individuelle est donc un
point si entièrement phénoménal, que même dans le
même « moi » il peut en surgir deux dont l'un ne sait
rien de l'autre.

Des considérations comme les précédentes ont toutefois, dans notre Occident judaïsé, quelque chose de
très étrange; mais il n'en est pas ainsi dans la patrie
de la race humaine, dans ce pays où règne une foi
tout autre, une foi conformément à laquelle, aujour-
d'hui encore, après les funérailles, les prêtres chan-
tent devant tout le peuple, avec accompagnement d'instruments, l'hymne du Véda qui commence ainsi :

« L'esprit incarné qui a mille têtes, mille yeux, mille
pieds, a sa racine dans la poitrine humaine et pénètre
à la fois toute la terre. Cet être est le monde et tout ce
qui a été et sera. C'est ce qui s'accroît par la nourriture et confère l'immortalité. C'est là sa grandeur, et
pour cela il est l'esprit incarné le plus noble. Les éléments de ce monde constituent *une* part de son être,
et trois parts sont l'immortalité dans le ciel. Ces trois
parts se sont élevées du monde; mais l'autre part est
restée en arrière et est ce qui (par la migration des
âmes) jouit et ne jouit pas des fruits des bonnes et des
mauvaises actions, etc. » (Voir Colebrooke, *On the
religious Ceremonies of the Hindoos*, t. V des *Asiatic
Researches*, édit. de Calcutta, p. 345, et aussi ses *Mis-
cellaneous Essays*, t. I, p. 167).

Si l'on compare ces hymnes avec ceux de nos livres
de prières, on ne s'étonnera plus que les missionnaires

anglicans des bords du Gange fassent de si pitoyables affaires, et, avec leurs sermons sur leur *maker* [1], ne

1. *Maker* est l'allemand *Macher*, et, comme celui-ci, se trouve souvent dans les mots composés : *watchmaker*, *shoemaker* = *Uhrmacher*, *Schuhmacher*, etc. Or, l'expression : *Our maker* (en français : *notre faiseur*) remplace très souvent et très volontiers, dans les écrits, sermons, et la vie courante de l'Angleterre, le mot *Dieu* : chose que je prie de remarquer, comme très caractéristique pour la conception religieuse anglaise. Après cela, comment le brahmane, élevé dans la doctrine du Véda sacré, comment le vaisia, qui rivalise de zèle avec lui, comment enfin le peuple indou tout entier, pénétré de la croyance à la métempsycose et de la rémunération en dérivant, qui influencent chaque acte de sa vie, doivent-ils accueillir ces autres idées qu'on veut leur imposer, c'est ce que le lecteur instruit comprendra facilement.

Passer de l'éternel Brahma, qui est présent en tous et en chacun, qui souffre, vit, et espère la délivrance, à ce *maker* du néant, c'est là une supposition étrange. On ne persuadera jamais aux Indous que le monde et l'homme sont un bousillage sorti do rien. Aussi est-ce à juste titre que le noble auteur du livre cité dit : « Les efforts des missionnaires resteront stériles; nul Indou respectable ne cédera jamais à leurs exhortations » (p. 15). « Espérer que les Indous, pénétrés par les doctrines brahmaniques, dans lesquelles ils vivent et existent, les abandonneront jamais pour embrasser la manière de voir chrétienne, est, d'après moi, une espérance vaine » (p. 50). « Et quand le synode entier de l'Eglise anglaise s'attellerait à cette tâche, il ne réussirait pas, à moins que ce ne soit par la violence absolue, à convertir un homme sur mille, parmi l'immense population indoue » (p. 68). Combien la prédiction de Colebrooke s'est montrée juste, c'est ce dont témoigne, quarante et un ans plus tard, une longue lettre signée Civis, publiée dans le *Times* du 6 novembre 1849, et écrite par un homme qui a vécu longtemps dans l'Inde. On y lit entre autres choses : « Je ne connais pas un seul exemple d'un Indou dont nous puissions nous faire honneur, qui se soit converti au christianisme; pas un seul cas où celui-ci n'aurait été un reproche pour la croyance embrassée, un avertissement pour la croyance abjurée. Les prosélytes qu'on a faits jusqu'à présent, si peu nombreux qu'ils soient, ont donc tout bonnement servi à détourner les autres de suivre leur exemple ». Les assertions de cette lettre ayant été contestées, elles furent confirmées par une seconde lettre, signée Sepahee, publiée dans le *Times* du 20 novembre, où on lit : « J'ai servi plus de douze ans dans la présidence, de Madras, et, pendant ce long laps de temps, je n'ai jamais vu un seul individu qui se

parviennent pas à toucher les brahmanes. Mais ceux
qui veulent se procurer le plaisir de voir comment, il
y a quarante et un ans, un officier anglais a contre-
carré hardiment et expressément les prétentions ab-
surdes et impudentes de ces messieurs, n'ont qu'à lire
le livre intitulé : *The Vindication of the Hindoos from
the Aspersions of the Rev. Claudius Buchanan, with
Refutation of his Arguments in favour of an ecclesias-
tical Establishment in British India ; the whole ten-
ding to evince the excellence of the moral system of
the Indoos,* by a Bengal Officer, Londres, 1808. L'auteur y démontre avec une rare indépendance les avantages des doctrines religieuses indoustaniques sur
celles de l'Europe. Ce petit écrit, qui en allemand
pourrait faire cinq feuillets, mériterait aujourd'hui
encore d'être traduit ; car il expose mieux et plus sincèrement qu'aucun autre, à ma connaissance, l'influence
pratique si bienfaisante du brahmanisme, son action
sur la vie et sur le peuple, — tout autrement que les
rapports émanant de plumes cléricales, qui, en cette
qualité même, méritent peu de créance ; tandis que les
pages en question s'accordent avec ce que j'ai entendu

soit converti, même en apparence de l'indouisme ou de l'isla-
misme à la religion protestante. Je partage donc complètement
l'avis de Civis, et je crois que presque tous les officiers de
l'armée pourraient apporter un témoignage semblable. » Cette
lettre aussi a fait l'objet de vives contestations ; mais je crois
que celles-ci, si elles ne proviennent pas des missionnaires, proviennent de leurs cousins ; ce sont en tout cas de très pieux
contradicteurs. En admettant même que tout ce qu'ils allèguent
ne soit pas dénué de fondement, je m'en fie néanmoins davantage aux garants impartiaux que j'ai cités. Car l'habit rouge, en
Angleterre, m'inspire plus de confiance que la robe noire, et tout
ce qui y est dit en faveur de l'Église, cet asile si riche et si com-
mode des jeunes fils sans fortune de l'aristocratie, m'est par le
fait même suspect.

de la bouche d'officiers anglais qui avaient passé dans l'Inde la moitié de leur vie.

Pour savoir jusqu'à quel point l'Église anglicane, tremblant sans cesse pour ses bénéfices, jalouse le brahmanisme et est irritée contre lui, il faut avoir entendu les aboiements que les évêques ont poussés il y a quelques années au sein du Parlement ; ils ont continué à les pousser pendant des mois, et, devant l'obstination inévitable des autorités des Indes orientales, ils n'ont cessé de les renouveler ; tout cela uniquement parce que les autorités anglaises, comme il est équitable de le faire dans l'Inde, témoignaient quelques signes de respect extérieur envers l'antique et vénérable religion du pays. Ainsi, quand la procession passe avec l'image des dieux, la garde, officier en tête, sort à sa rencontre et joue du tambour ; un drap rouge est fourni pour recouvrir le char de Jaggernaut, etc. Ce dernier a été effectivement supprimé, avec l'impôt prélevé sur ses pèlerins, en vue de plaire à ces messieurs. En attendant, différents faits doivent faire connaître à ces bénéficiers et porteurs de perruques « très révérends », comme ils se nomment eux-mêmes, qui ne cessent d'exhaler leur rage moyennageuse, aujourd'hui grossière et vulgaire, contre l'antique religion de notre race, que la plupart des Européens qui vivent longtemps dans l'Inde ont au fond du cœur de l'attachement pour le brahmanisme, et lèvent au contraire les épaules au sujet des préjugés religieux sociaux de l'Europe. Un fait entre autres qui les contraria beaucoup, ce fut la remise aux brahmanes par lord Ellenborough, en 1845, de la porte de la pagode de Sumenaut détruite en 1022 par le maudit

Mahmoud le Ghasnévide [1], et que ledit lord avait rap-
portée en grande pompe au Bengale. « Tout cela tombe
comme les écailles des yeux, dès que l'on a vécu deux
années dans l'Inde », me disait un jour un Européen.
Même un Français, le monsieur très complaisant et
cultivé qui accompagna il y a une dizaine d'années en
Europe les *dévadassi* (*vulgo*, bayadères), s'écria sur
le ton de l'enthousiasme, quand je parlai de la religion
de ce pays : « Monsieur, c'est la vraie religion [2] ! » C'est
au contraire une chose très drôle, disons-le en passant, de voir avec quel sourire de suffisance quelques
serviles philosophastres allemands, comme maints
orientalistes qui ne s'attachent qu'à la lettre, envisa-
gent, de la hauteur de leur judaïsme rationaliste, le
brahmanisme et le bouddhisme. Je serais vraiment
tenté de proposer à ces petits messieurs un engage-
ment au théâtre des singes de la foire de Francfort, si
toutefois les descendants d'Hanuman [3] voulaient les
tolérer parmi eux.

1. Sultan de Perse et premier empereur musulman de l'Inde,
né à Ghazna, dans la Perse orientale (967-1030). Les avis sont
partagés à son sujet. Schopenhauer le traite de « maudit »,
tandis que les historiens le regardent en général comme un bon
roi et un vaillant héros, malgré sa manie des conquêtes. Le
poète national de la Perse, Firdousi, a fait de lui cet éloge dans
son *Shah-Nameh* : « Grâce à la justice de ce prince, le loup et
l'agneau venaient s'abreuver ensemble dans ses États; et à
peine les enfants avaient-ils sucé le lait de leurs mères, qu'ils
prononçaient le nom de Mahmoud ».   (*Le trad.*)

2. En français dans le texte.

3. Hanuman, le fils du Vent, est le singe héroïque qui joue
un si grand rôle dans le *Ramayana*. On l'a rapproché du prudent Ulysse. Sa figure est une des plus populaires de la poésie
et de l'art indous, et c'est en souvenir de ce glorieux ancêtre
qu'aujourd'hui encore les singes sont si vénérés dans l'Inde et
vivent en liberté autour des sanctuaires de Vishnou.

                                           (*Le trad.*)

Je pense que si l'empereur de Chine, le roi de Siam ou
d'autres monarques asiatiques accordent aux puissances
européennes la permission d'envoyer des missionnaires
dans leurs pays, ils seraient absolument autorisés à ne
le faire qu'à la condition de pouvoir envoyer dans les
pays européens tout autant de prêtres bouddhistes, avec
des droits égaux ; ils choisiraient naturellement à cet
effet ceux qui sont déjà instruits à l'avance de la langue
européenne à laquelle ils auraient à faire. Nous aurions
alors sous les yeux une intéressante compétition, et
verrions lesquels obtiendraient le plus de résultats.

La mythologie indoue elle-même, si fantaisiste et
parfois baroque, qui constitue aujourd'hui, tout comme
il y a des milliers d'années, la religion du peuple,
n'est, si on la considère attentivement, que la doctrine des *Upanishads* allégorisée, c'est-à-dire revêtue
d'images, et, par ce moyen, personnifiée et rendue
mythique, de manière à être mise à la portée du peuple ; cette doctrine, chaque Indou, suivant la mesure
de ses forces ou de son éducation, la devine, ou la sent,
ou la soupçonne, ou la conçoit clairement, tandis que
le révérend anglais grossier et borné, dans sa mono-
manie, la raille et la blasphème comme une *idolatry*,
dans la croyance où il est de posséder seul la vérité.
Le dessein du Bouddha Çakya Mouni était au contraire
de séparer le noyau de la pelure, d'affranchir la haute
doctrine elle-même de tout mélange d'images et de
dieux, et de rendre son pur contenu accessible et sai-
sissable même au peuple. Il y a merveilleusement
réussi. Pour cette raison, sa religion est la plus excellente, celle qui est représentée sur la terre par le plus
grand nombre d'adhérents. Il peut dire avec Sophocle :

— Θεοῖς μὲν κ'ἂν ὁ μηδὲν ὢν ὁμοῦ
κράτος κατακτήσαιτ'· ἐγὼ δὲ καὶ δίχα
κείνων πέποιθα τοῦτ' ἐπισπάσειν κλέος [1].

(Ajax, vers 767 à 769.)

Le fanatisme chrétien, qui cherche à convertir le monde entier à sa foi, est irresponsable. Sir James Brooke, rajah de Bornéo, qui colonisa et gouverna un temps une portion de cette île, a fait à Liverpool, en septembre 1858, dans une réunion de la Société pour la propagation de l'Evangile, — c'est-à-dire le centre des missions, — un discours où il dit : « Vous n'avez fait aucun progrès chez les mahométans, vous n'avez fait absolument aucun progrès chez les Indous, mais vous en êtes juste au même point où vous étiez le premier jour que vous avez mis le pied dans l'Inde ». (*Times*, 29 septembre 1858). Les émissaires de la foi chrétienne se sont au contraire montrés très utiles et précieux dans une autre direction, car quelques-uns d'entre eux nous ont donné d'excellents et sérieux rapports sur le brahmanisme et le bouddhisme, ainsi que des traductions fidèles et soignées des livres saints, comme il n'est possible de les faire que si l'on y met de l'amour. A ces nobles individus je dédie les vers suivants :

Partez comme professeurs;
Revenez comme écoliers.
Vous avez laissé tomber là
L'écaille de vos yeux aveuglés [2].

1. « Avec l'aide des dieux, le lâche même peut remporter la victoire ; mais, moi, je me flatte d'obtenir cette gloire, même sans eux. »

2.
Als Lehrer geht ihr hin:
Als Schüler kommt ihr wieder.
Von dem umschlei'rten Sinn
Fiel dort die Decke nieder.

Nous sommes donc en droit d'espérer qu'il viendra aussi un temps où l'Europe sera purifiée de toute mythologie juive. Peut-être sommes-nous au siècle où les peuples asiatiques de race japhétique rentreront aussi en possession des saintes religions de leur patrie; après un long égarement, ils sont redevenus mûrs pour elles.

Après les propositions établies dans mon mémoire couronné sur la *Liberté de la volonté*, il ne peut faire doute pour aucun homme pensant qu'il faut chercher celle-ci non pas dans la nature, mais seulement en dehors de la nature. Elle est un fait métaphysique, mais, dans le monde physique, une impossibilité. En conséquence, nos actes ne sont nullement libres ; mais le caractère individuel de chacun doit être regardé comme son acte libre. Lui-même est tel, parce que, une fois pour toutes, il veut être tel, car la volonté existe en elle-même en tant qu'elle apparaît dans un individu ; elle constitue la volonté originelle et fondamentale de celui-ci, indépendante de toute connaissance, parce qu'elle la précède. De cette dernière elle reçoit purement les motifs à l'aide desquels elle développe successivement son essence, se fait connaître ou devient visible ; mais elle gît elle-même en dehors du temps, immuable tant qu'elle existe. Aussi chacun, n'existant qu'une fois tel qu'il est, et dans les conditions de l'époque, qui de leur côté s'affirment avec une stricte nécessité, ne peut absolument jamais faire que ce qu'il fait actuellement. Toute la course empirique de la vie d'un homme est en conséquence prédéterminée, dans tous ses événements, grands et petits, aussi nécessairement que celle d'une horloge. Ceci, en réalité, provient du

fait que la façon dont l'acte métaphysique libre indiqué
tombe dans la conscience est une perception qui a pour
forme le temps et l'espace ; par le moyen de ceux-ci,
l'unité et l'indivisibilité de cet acte se déploient, comme
séparées l'une de l'autre, en une série d'états et d'événements qui suivent le fil conducteur du principe de
cause sous ses quatre formes ; et c'est ce qu'on appelle
nécessité. Mais le résultat est d'ordre moral, à savoir
celui-ci : par ce que nous faisons, nous reconnaissons ce
que nous sommes, comme, par ce que nous souffrons,
nous reconnaissons ce que nous méritons.

Il s'ensuit que l'*individualité* ne repose pas seulement sur le *principium individuationis*, et n'est donc
pas absolument un pur phénomène ; mais elle a sa
racine dans la chose en soi, dans la volonté de l'individu, car le caractère même de celui-ci est individuel.
Jusqu'à quelle profondeur pénètrent ses racines, c'est là
une question à laquelle je n'entreprendrai pas de
répondre.

Rappelons que déjà Platon présente à sa manière
l'individualité de chacun comme l'acte libre de celui-ci,
car il fait naître chaque homme, en conséquence de
son cœur et de son caractère, tel qu'il est, en vertu de
la métempsycose. (Voir le *Phèdre* et les *Lois*, livre X).
Les brahmanes, eux aussi, expriment mythiquement
la détermination immuable du caractère inné ; ils disent
que Brahma, en engendrant chaque être humain, a
gravé sur son crâne ses actes et ses souffrances en
caractères d'écriture conformément auxquels se dérou-
lera sa vie. Ils indiquent, comme étant lesdits caractères, les zigzags des sutures des os craniens. Leur
signification est une conséquence de sa vie et de

ses actes antérieurs. (Voir *Lettres édifiantes*, 1819, t. VI, p. 149, et t. VII, p. 135.) Cette idée paraît se trouver au fond du dogme chrétien (et même paulinien) du salut par la grâce.

Une autre conséquence de ce qui précède, et qui le confirme entièrement au point de vue empirique, c'est que tous les *véritables* mérites, moraux aussi bien qu'intellectuels, ont non seulement une origine physique ou empirique, mais aussi une origine métaphysique ; ils existent donc *a priori* et non *a posteriori*, ce qui revient à dire qu'ils sont innés et non acquis, et ont leur racine non dans le pur phénomène, mais dans la chose en soi. Aussi chacun n'accomplit-il au fond que ce qui est irrévocablement fixé dans sa nature, c'est-à-dire dans son être inné. Sans doute, les facultés intellectuelles demandent à être cultivées, comme maint produit naturel demande à être dirigé, pour devenir comestible ou au moins utilisable ; mais, ici comme là, nulle direction ne peut remplacer la matière première. Pour cette raison, toutes les qualités purement acquises, apprises, affectées, c'est-à-dire les qualités *a posteriori*, qu'elles soient morales ou intellectuelles, sont à proprement dire inauthentiques, une vaine apparence sans réalité. Cela résulte d'une métaphysique correcte, et est enseigné aussi par un coup d'œil expérimental un peu profond. La chose est mise en évidence par l'importance que tous attachent à la physionomie et à l'extérieur — c'est-à-dire aux traits innés — de tout homme distingué à un titre quelconque, et par l'impatience où l'on est de le voir. Les natures superficielles, il est vrai, et, pour de bonnes raisons, les natures communes, seront de l'avis opposé, pour se flatter de l'espoir qu'elles entreront encore en possession de ce qui leur manque. Ce monde n'est donc pas simplement un champ de bataille dont les victoires et les défaites obtiendront des prix dans un monde futur ; il est déjà lui-même le jugement dernier où chacun apporte avec soi récompense et honte, suivant ses mérites. Le brahmanisme et le bouddhisme, en enseignant la métempsycose, ne savent absolument rien d'autre.

On s'est demandé ce que feraient deux hommes qui auraient grandi chacun solitairement dans un désert, et qui se rencontreraient pour la première fois. Hobbes, Puffendorf, Rousseau ont répondu en des sens divers. Puffendorf est d'avis que leur rencontre serait amicale ; Hobbes, qu'elle serait hostile ; Rousseau, qu'ils s'ignoreraient. Tous trois ont raison et tort. La diversité incommensurable des dispositions morales innées des individus se montrerait précisément ici en si pleine lumière, qu'elle nous donnerait en quelque sorte leur loi et leur mesure. Car il y a des hommes chez qui la vue de l'homme provoque aussitôt un sentiment hostile, en ce que leur être intime s'exprime ainsi : « Ce n'est pas moi ! » Et il y en a d'autres chez qui cette vue provoque aussitôt un intérêt amical, en ce que leur être intime dit : « C'est moi encore une fois ». Il y a dans l'intervalle d'innombrables degrés. Mais qu'en ce point capital nous soyons si différents, cela est un grand problème, pour ne pas dire un mystère. Sur cette apriorité du caractère moral, le livre du danois Bastholm : *Contributions historiques à la connaissance de l'homme dans l'état sauvage*, offre matière à des considérations variées. Il constate lui-même que la culture intellectuelle et la

bonté morale des nations apparaissent tout à fait indé-
pendantes l'une de l'autre, celle-là existant souvent sans
celle-ci. Nous expliquerons cela par le fait que la bonté
morale ne résulte nullement de la réflexion, dont le
développement dépend de la culture intellectuelle, mais
directement de la volonté elle-même, dont la nature est
innée et qui n'est susceptible en elle-même d'aucun
perfectionnement par l'éducation. Bastholm dépeint le
plus grand nombre des nations comme très vicieuses
et mauvaises. Au contraire, il donne la meilleure caractéristique générale de certaines peuplades sauvages,
tels que les Orotchyses, les habitants de l'île Savou, les
Toungouses et les insulaires de Pelew. Il cherche alors
à résoudre ce problème : pourquoi certaines populations sont-elles si bonnes, tandis que tous leurs voisins
sont mauvais? Cela me paraît pouvoir s'expliquer par
le fait que les qualités morales s'héritant du père, une
population isolée, comme celles dont il s'agit ici, est
sortie d'une seule famille, et, par conséquent, du même
ancêtre, qui était un homme bon, et s'est maintenu pur
de tout mélange. Les Anglais n'ont-ils pas souvent
rappelé aux Américains du Nord, à l'occasion d'inci-
dents désagréables, tels que des répudiations de dettes
d'Etat, des razzias en vue du butin, qu'ils descendent
d'une colonie anglaise de criminels, quoique cela ne
soit vrai que d'une faible portion de ceux-ci ?

C'est chose étonnante comme l'individualité de chaque
homme (c'est-à-dire ce caractère déterminé avec cet
intellect déterminé) détermine exactement, semblable
à une teinture pénétrante, toutes ses actions et toutes
ses pensées, jusqu'aux plus insignifiantes; en consé-

quence de quoi le cours entier de la vie, c'est-à-dire
l'histoire extérieure et intérieure de l'un, est si différente de celle de l'autre. De même qu'un botaniste
reconnaît la plante entière à une seule feuille ; que
Cuvier reconstituait l'animal entier à l'aide d'un seul
os, — ainsi l'on peut obtenir, par une seule action
caractéristique d'un homme, une connaissance exacte
de son caractère, c'est-à-dire le construire, jusqu'à un
certain point, à l'aide de celui-ci. Même si cette action
a peu d'importance, c'est souvent alors pour le mieux.
Quand en effet il s'agit de choses un peu sérieuses, les
gens se tiennent sur leurs gardes ; s'il ne s'agit que de
petites choses, ils suivent leur nature sans beaucoup
de réflexion. Voilà pourquoi ce mot de Sénèque est
si juste : *Argumenta morum ex minimis quoque licet
capere* [1] (Lettre LII). Si, dans ces petites choses, un
homme montre par sa conduite absolument dépourvue
d'égards et égoïste que la rectitude du sens moral est
étrangère à son cœur, il ne faut pas lui confier inconsi-
dérément deux sous. Comment croire, en effet, que
celui qui, dans toutes les questions autres que celles
de propriété, se montre journellement injuste, et dont
l'égoïsme sans bornes perce partout à travers les
petites actions de la vie ordinaire affranchies de responsabilité, comme une chemise sale à travers les
trous d'un habit en haillons, — comment croire qu'un
tel homme sera honorable en matière de *mien* et de
tien, sans obéir à d'autre impulsion que celle de la
justice ? Celui qui est sans scrupules dans les petites
choses, sera criminel dans les grandes. Celui qui ne

1. « Il est permis d'emprunter aux petites choses aussi des
arguments pour les mœurs ».

se préoccupe pas des petits traits de caractère n'a
qu'à s'en prendre à soi, si, plus tard, il apprend à ses
dépens, par les grands traits, à connaître ledit caractère. En vertu du même principe, il faut rompre immédiatement aussi, ne fût-ce que pour des bagatelles,
avec les soi-disant bons amis, s'ils révèlent un caractère ou perfide, ou méchant, ou bas, afin d'éviter leurs
mauvais tours sérieux, qui n'attendent qu'une occasion de se produire sur une plus vaste échelle. Disons-
en autant des domestiques. On doit toujours se répé-
ter: « Mieux vaut vivre seul, qu'avec des traîtres ».

Le fondement et la propédeutique de toute science
de l'homme est la conviction que la conduite de celui-
ci, dans son ensemble et dans l'essentiel, n'est pas gui-
dée par sa raison et par les injonctions de celle-ci. Aussi
personne ne devient-il tel ou tel, parce qu'il a le désir,
même le plus violent, de le devenir; mais ses faits et
gestes dérivent de son caractère inné et immuable, sont
de près et dans les détails déterminés par les motifs,
et procèdent donc nécessairement de ces deux facteurs.
On peut en conséquence comparer la conduite de l'homme à la course d'une planète, qui est la résultante d'une
force tangentielle et de la force centripète provenant
de son soleil : la première force représente le caractère, la dernière l'influence des motifs. Ceci est presque plus qu'une simple métaphore. En effet, la force
tangentielle d'où résulte en réalité le mouvement,
limitée qu'elle est par la gravitation, est, prise méta-
physiquement, la volonté se déployant dans le corps en
question.

Ceux qui ont compris ceci verront aussi que nous
ne pouvons jamais, à proprement dire, émettre plus

qu'une supposition au sujet de ce que nous ferons dans une situation future, bien que nous regardions souvent cette supposition comme une décision. Si, par exemple, en vertu d'un projet, un homme a accepté très sincèrement et même très volontiers l'obligation, au sujet d'événements encore cachés dans l'avenir, de faire ceci ou cela, rien n'assure par là qu'il la remplira ; il faut du moins que la nature de cet homme soit telle, qu'elle lui impose partout et toujours sa promesse donnée comme un motif suffisant, que le sentiment de son honneur fait agir sur lui à l'instar d'une contrainte étrangère. Mais en dehors de ce qu'il fera si ces événements se produisent, on ne peut prévoir la chose, et, dans ce cas, avec une pleine certitude, qu'à l'aide d'une connaissance juste et exacte de son caractère et des circonstances extérieures sous l'action desquelles il tombe. Cela est même très facile, si on l'a vu déjà une fois dans une situation semblable ; il fera infailliblement la même chose la seconde fois, à supposer que, dès la première, il ait reconnu soigneusement et à fond les circonstances. Car, comme je l'ai souvent remarqué : *Causa finalis non movet secundum suum esse reale, sed secundum esse cognitum.* (Suarez, *Disputationes metaphysicæ*, XXIII, sect. 7 et 8). Ce que la première fois il n'a pas reconnu ou compris, n'a pu agir sur sa volonté: c'est ainsi qu'une opération électrique s'arrête, si quelque corps isolant entrave l'action d'un conducteur. L'immuabilité du caractère et la nécessité des actes qui en découle s'imposent avec une rare clarté à celui qui, en une circonstance quelconque, ne s'est pas conduit comme il l'aurait dû, en manquant peut-être de décision, de fermeté, de courage, ou d'autres qualités exigées par le moment. Quand il est trop tard, il reconnaît et regrette sincèrement son acte incorrect, et se dit peut-être : « Oui, si cela se reproduisait, j'agirais autrement ! » Cela se reproduit, le même cas se présente : — et il agit comme la première fois, à son grand étonnement.

Ce sont les drames de Shakespeare qui nous donnent de beaucoup la meilleure explication de la vérité exposée ici. Il en était pénétré, et sa sagesse intuitive s'exprime concrètement à chaque page. Je veux cependant montrer un cas où il met la chose en relief avec une clarté toute spéciale, quoique sans intention ni affectation. En véritable artiste, en effet, il ne part jamais d'une idée ; il a simplement l'air de le faire pour donner satisfaction à la vérité psychologique telle qu'il la saisit nettement et directement, sans se préoccuper si ce mérite ne devait être remarqué et apprécié que par le petit nombre, et sans prévoir qu'un jour, en Allemagne, de plats et sots gaillards expliqueraient longuement qu'il a écrit ses pièces pour illustrer des lieux communs de morale.

Ce que j'ai maintenant en vue ici, c'est le caractère du comte de Northumberland, que nous retrouvons dans trois tragédies, sans qu'il y apparaisse en réalité comme personnage principal ; il n'intervient que dans quelques scènes réparties en quinze actes. Aussi ceux qui ne suivent pas avec toute leur attention le caractère représenté entre de si larges intervalles, peuvent-ils perdre aisément de vue son identité morale, nonobstant la fermeté avec laquelle le poète a maintenu ce caractère devant ses yeux. Il fait apparaître partout ce comte avec un maintien noble et chevale-

resque, lui prête un langage en rapport avec celui-ci,
et lui met même parfois dans la bouche des passages
très beaux, quand ils ne sont pas sublimes ; il est très
éloigné d'agir à la façon de Schiller, qui peint volontiers le diable en noir, et dont l'approbation ou la
désapprobation morale s'exprime à travers les paroles
mêmes des caractères dessinés par lui. Mais chez Shakespeare, comme aussi chez Gœthe, chacun, tant qu'il
est présent et parle, a parfaitement raison, fût-il le diable
en personne. Comparez, sous ce rapport, le duc d'Albe
chez Gœthe et chez Schiller. — Nous faisons la connaissance du comte de Northumberland dès *Richard II*,
où il est le premier à ourdir une conspiration contre le
roi en faveur de Bolingbroke, plus tard Henri IV, qu'il
flatte déjà personnellement. (Acte II, scène. 3). Dans
l'acte suivant, il est remis à sa place, parce que, parlant
du roi, il a dit simplement « Richard » ; mais il affirme
ne s'être exprimé ainsi que pour la brièveté. Bientôt
après, son discours rusé pousse le roi à capituler. Dans
l'acte qui vient ensuite, il traite celui-ci, lors de l'abdi-
cation, avec tant de dureté et de mépris, que l'infortuné
monarque, tout brisé qu'il est, perd cependant patience
et s'écrie : « Démon ! tu me tortures déjà avant que je
sois en enfer ! » Au dénouement, il annonce au nouveau
roi qu'il a envoyé à Londres les têtes coupées des par-
tisans de son prédécesseur. — Dans la pièce suivante,
Henri IV, il organise tout pareillement une conspiration contre le nouveau roi. Au quatrième acte, nous
voyons les rebelles, réunis, se préparer à la grande
bataille du lendemain ; ils n'attendent plus, avec impatience, que Northumberland et son corps d'armée. Au
dernier moment arrive une lettre de lui ; il est malade,

et ne peut confler ses troupes à personne ; il n'engage
pas moins les rebelles à persister courageusement et à
attaquer bravement. Ils le font ; mais considérablement
affaiblis par son absence, ils éprouvent une défaite
complète ; la plupart de leurs chefs sont faits prison-
niers, et son propre fils, l'héroïque Hotspur, tombe de
la main du prince héritier. — La troisième pièce, la
Seconde partie de Henri IV, nous le montre plongé, par
la mort de ce fils, dans la plus sauvage fureur et enragé
de vengeance. Il attise de nouveau la rébellion ; les
chefs de celle-ci s'assemblent une fois encore. Au moment où, au quatrième acte, ils se préparent à livrer la
bataille décisive et n'attendent plus que sa jonction
avec eux, une lettre arrive : il n'a pu parvenir à rassem-
bler des forces suffisantes, et veut en conséquence,
pour l'instant, chercher son salut en Ecosse ; il sou-
haite cependant de tout cœur le meilleur succès à leur
héroïque entreprise. Ils se rendent alors au roi en vertu
d'une capitulation qui n'est pas respectée, et sont mis
à mort.

Bien loin donc que le caractère soit l'œuvre du choix
rationnel et de la réflexion, l'intellect, en agissant, n'a
rien de plus à faire que de présenter les motifs à la
volonté. Mais alors il doit observer, en qualité de simple spectateur et témoin, comment leur action sur le
caractère donné détermine le cours de la vie, dont tous
les processus, à bien l'examiner, se déroulent avec la
même nécessité que les mouvements d'une horloge. Je
renvoie mes lecteurs sur ce point à mon mémoire couronné sur la *Liberté de la volonté*. L'illusion d'une
liberté complète de la volonté, dans chaque action, qui

existe néanmoins ici, je l'ai ramenée à sa vraie signification et à son origine, et en ai indiqué ainsi la cause
active ; je veux seulement y ajouter ici la cause finale,
par l'explication téléologique suivante de cette illusion
naturelle. La liberté et la spontanéité qui, en vérité,
accroissent seules le caractère intelligible d'un homme
dont l'unique compréhension par l'intellect est le cours
de sa vie, paraissent s'attacher à chaque action particulière, et ainsi l'œuvre originale est visiblement répé-
tée dans chaque action, pour la conscience empirique.
Le cours de la vie reçoit par là le plus grand νουθέτησις
(avertissement) moral possible, puisque ainsi seulement
tous les mauvais côtés de notre caractère nous deviennent réellement perceptibles. La conscience, par exemple, accompagne chaque action de ce commentaire :
« Tu pourrais bien agir autrement », tandis que sa
signification réelle est : « Tu pourrais bien être un autre
homme ». Maintenant que, d'un côté, par l'immuabilité
du caractère, de l'autre, par la nécessité rigoureuse
avec laquelle s'imposent toutes les circonstances dans
lesquelles ce caractère est successivement placé, le
cours de la vie d'un chacun est exactement déterminé
de A à Z, il faut cependant reconnaître que telle existence dans toutes ses conditions, subjectives aussi bien
qu'objectives, est incomparablement plus heureuse,
plus noble, plus digne que telle autre. Ceci conduit, si
l'on ne veut pas éliminer toute justice, à admettre, avec
le brahmanisme et le bouddhisme, que les conditions
subjectives avec lesquelles chacun est né, aussi bien
que les conditions objectives dans lesquelles chacun
est né, sont la conséquence morale d'une existence
antérieure.

Machiavel, qui semble ne s'être nullement occupé de spéculations philosophiques, est conduit, grâce à la pénétration aiguisée de son intelligence si unique, à l'affirmation suivante, vraiment profonde, qui présuppose une connaissance intuitive de l'entière nécessité avec laquelle s'affirment toutes les actions, les caractères et les motifs étant donnés. C'est le début du prologue de sa comédie *Clitia* : « *Se nel mondo tornassino i medesimi uomini, come tornano i medesimi casi, non passarebbono mai cento anni, che noi non ci trovassimo un altra volta insieme, a fare le medesime cosa que ora* ».[1]

Le *fatum*, l'εἱμαρμένη des anciens, est simplement la certitude portée à la conscience que tout ce qui arrive est solidement lié à la chaîne causale, et arrive par conséquent en vertu d'une stricte nécessité ; l'avenir est donc déjà complètement fixé, déterminé sûrement et exactement, et on ne peut pas plus y changer qu'au passé. C'est seulement la prescience de celui-là qu'on est en droit de qualifier de fabuleuse dans les mythes fatalistes des anciens, si nous éliminons la possibilité de la clairvoyance magnétique et de la seconde vue. Au lieu de prétendre écarter par un bavardage inepte et par de sottes défaites la vérité fondamentale du fatalisme, on devrait chercher à la comprendre et à la reconnaître clairement, car elle est une vérité démontrable, qui nous fournit un fait important

---

1. « Si les mêmes hommes revenaient au monde, comme y reviennent les mêmes événements, il ne se passerait jamais cent ans, sans que nous ne nous retrouvions ensemble, à faire les mêmes choses qu'à présent ».
Machiavel semble cependant s'être souvenu ici d'un passage de saint Augustin, *De civitate Dei*, livre XII, chap. XIII.

pour la compréhension de notre si énigmatique existence.

La prédestination et le fatalisme diffèrent non dans leur essence, mais en ceci, que le caractère donné et la détermination de l'action humaine qui vient du dehors, procèdent, dans celle-là, d'un être connaissant, dans celui-ci, d'un être sans connaissance. Dans le résultat ils se rencontrent : il arrive ce qui doit arriver. La conception d'une *liberté morale* est, au contraire, inséparable de celle d'*origination*. Qu'un être en effet soit l'ouvrage d'un autre, et que malgré cela il soit *libre* dans sa volonté et dans ses actes, cela peut se dire, mais non se comprendre. Celui qui l'a appelé du néant à l'existence, a par là même créé et déterminé aussi sa nature, c'est-à-dire toutes ses qualités. Car on ne peut jamais créer sans créer quelque chose, c'est-à-dire un être exactement déterminé dans toutes ses qualités. Mais de ces qualités ainsi déterminées, découle ensuite nécessairement l'ensemble des manifestations et des opérations de cet être, lesquelles sont simplement ces qualités mêmes mises en jeu, qui n'attendaient, pour se manifester, qu'une impulsion du dehors. Tel qu'est l'homme, il doit agir : ses fautes et ses mérites sont donc liés, non à ses actes personnels, mais à son essence et à son être. Aussi le théisme et la responsabilité morale de l'homme sont-ils incompatibles : c'est que la responsabilité retombe toujours sur l'auteur originel de l'essence, comme à l'endroit où elle a son centre de gravité. C'est en vain qu'on a cherché à jeter un pont entre ces deux incompatibilités, grâce à la conception de la liberté morale de l'homme : ce pont s'écroule toujours de nouveau. L'essence libre doit être

aussi l'essence primordiale. Si notre volonté est libre,
elle est aussi l'essence primordiale, et réciproquement.
Le dogmatisme prékantien, qui aurait voulu séparer
ces deux attributs, était ainsi forcé d'admettre deux
libertés : celle d'une première cause cosmogonique,
pour la cosmologie, et celle de la volonté humaine,
pour la morale et la théologie. En conformité de cela,
Kant traite aussi de la troisième non moins que de la
quatrième antinomie de la liberté.

Dans ma philosophie, au contraire, la reconnaissance
directe de la stricte nécessité des actions implique la
doctrine que, même chez les êtres dépourvus de conscience, ce qui se manifeste est la volonté. Autrement,
l'action de cette nécessité évidente serait mise en opposition avec la volonté, s'il y avait réellement une telle
liberté du fait individuel, et si celui-ci n'était pas plutôt aussi strictement nécessité que toute autre action.
D'autre part, cette même doctrine de la nécessité des
actes de volonté exige que l'existence et l'essence de
l'homme soient elles-mêmes l'œuvre de sa liberté, par
conséquent de sa volonté, et que cette dernière ait donc
de l'aséité [1]. Dans l'opinion opposée, toute responsabilité disparaîtrait, ainsi que nous l'avons montré, et
le monde moral comme le monde physique serait une
pure machine que son fabricant du dehors ferait servir
à son propre amusement. C'est ainsi que les vérités
tiennent toutes ensemble, s'appellent, se complètent,
tandis que l'erreur se heurte à tous les angles.

1. Littré définit ainsi ce mot : « Terme de scolastique, qui
signifie l'existence par soi-même, et qui ne peut être dit par
conséquent que de Dieu seul, ou, suivant les systèmes matéria-
listes, de la matière ».

(Le trad.)

De quelle espèce est l'influence que l'enseignement
moral peut avoir sur la conduite, et quelles sont ses
limites, c'est ce que j'ai suffisamment recherché dans
mon traité sur le *Fondement de la morale*. L'influence
de l'*exemple* est analogue au fond à celle de l'enseignement moral, mais elle est toutefois plus puissante.
Elle mérite donc une courte analyse.

L'exemple agit directement, soit qu'il arrête, soit
qu'il stimule. Dans le premier cas, il détermine l'homme
à renoncer à ce qu'il aurait volontiers fait. Il voit que
d'autres ne le font pas : d'où il conclut en général que
ce n'est pas raisonnable, que cela doit mettre en danger ou sa personne, ou sa fortune, ou son honneur ; il
s'en tient là, et se voit avec plaisir affranchi de toute
investigation personnelle. Ou il constate même qu'un
autre, qui l'a fait, en subit les mauvaises conséquences :
c'est l'exemple terrifiant. Quant à l'exemple stimulant,
il agit de deux manières : ou il pousse l'homme à faire
ce à quoi il renoncerait volontiers, en lui montrant
que la renonciation pourrait l'exposer à un danger ou
lui nuire dans l'opinion d'autrui ; ou il l'encourage à
faire ce qu'il ferait volontiers, mais qu'il n'a pas fait
jusqu'ici par crainte du danger ou de la honte : c'est
l'exemple tentant. Enfin, l'exemple peut encore l'amener à quelque chose qui ne lui serait jamais venu à
l'idée. Dans ce cas, il agit manifestement d'une façon
directe sur l'intellect seul ; l'effet sur la volonté est
alors secondaire, et, quand il se produit, est produit
par un acte de jugement personnel, ou par la confiance
en celui qui donne l'exemple. L'effet très énergique de
l'exemple a pour base que l'homme, en règle générale,
est trop dépourvu de jugement, souvent aussi de

savoir, pour explorer sa route lui-même ; aussi marche-
t-il volontiers sur les traces des autres. Chacun est
donc d'autant plus accessible à l'influence de l'exemple,
qu'il manque davantage de ces deux mérites. L'étoile
conductrice de la majorité des hommes est, cependant,
l'exemple d'autrui, et toute leur conduite, dans les
grandes choses comme dans les petites, se réduit à la
pure imitation ; ils ne font rien de leur propre initia-
tive [1]. La cause en est leur horreur de toute espèce de
réflexion et leur méfiance justifiée de leur propre jugement. En même temps, cet instinct de l'imitation si
étonnamment fort chez l'homme, porte témoignage de
sa parenté avec le singe. Mais le mode d'action de
l'exemple est déterminé par le caractère d'un chacun ;
aussi le même exemple peut-il attirer l'un et repousser
l'autre. Certaines malhonnêtetés sociales, qui n'exis-
taient pas auparavant et se glissent en tapinois peu à
peu, nous permettent facilement d'observer cela. En
constatant telle d'entre elles pour la première fois,
quelqu'un pensera : « Fi ! comment peut-on se com-
porter de cette façon ? Quel égoïsme ! quelle inconsi-
dération ! Je me garderai bien de jamais agir ainsi ».
Mais vingt autres penseront : « Ah, ah ! puisqu'il fait
cela, je puis le faire également ».

Sous le rapport moral, l'exemple peut, comme l'enseignement, amener une amélioration civile ou légale,
mais non l'amélioration intérieure, qui est en réalité
l'amélioration morale. Car il n'agit jamais que comme
un motif personnel, c'est-à-dire sous la présupposition
qu'on est accessible à cet ordre de motifs. Mais c'est

---

1. L'imitation et l'habitude sont les moteurs de la plupart des
actions des hommes.

précisément si un caractère est plus accessible à tel
ou tel ordre de motifs, que cela est décisif pour sa
véritable moralité, qui, cependant, n'est jamais qu'innée. L'exemple agit en général avantageusement pour
faire prédominer les bonnes et les mauvaises qualités
du caractère, mais il ne les crée pas. Aussi le mot de
Sénèque : *Velle non discitur*[1], est-il vrai également
ici.

Que l'innéité de toutes les véritables qualités morales,
des bonnes comme des mauvaises, convienne mieux à
la doctrine de la métempsycose des brahmanes et des
bouddhistes qu'au judaïsme, je le sais très bien ; en
vertu de celle-là, « les bonnes et les mauvaises actions
d'un homme le suivent d'une existence dans l'autre
comme son ombre », tandis que celui-ci exige plutôt
que l'homme vienne au monde comme un zéro moral,
pour décider, au moyen d'un *liberi arbitrii indifferentiæ* inimaginable, c'est-à-dire d'une réflexion ration-
nelle, s'il veut être un ange, ou un démon, ou n'importe quoi entre les deux. Mais je ne me préoccupe pas
de cela, car mon étendard est la vérité. Je ne suis pas
professeur de philosophie, et ne tiens donc pas pour
mon devoir de fixer sûrement avant toute autre chose
les idées fondamentales du judaïsme, celles-ci dussent-
elles barrer à jamais la voie à toute connaissance philosophique. *Liberum arbitrium indifferentiæ*, sous le
nom de « liberté morale », est un délicieux jouet pour
les professeurs de philosophie. Il faut le leur laisser,—
à ces gens spirituels, honnêtes et de bonne foi !

1. « On n'apprend pas à vouloir ».

DROIT ET POLITIQUE

Un défaut particulier aux Allemands, c'est qu'ils cherchent dans les nuages ce qui se trouve à leurs pieds. Un excellent exemple de ce genre nous est livré par la manière dont les professeurs de philosophie traitent le droit naturel. Pour expliquer les conditions humaines bien simples qui en constituent le fond, — droit et tort, propriété, Etat, droit pénal, etc., — ils font appel aux notions les plus extravagantes, les plus abstraites, c'est-à-dire les plus larges et les plus vides, et ils bâtissent ainsi dans les nuages leur tour de Babel, suivant leur caprice spécial à chacun. Les conditions les plus claires et les plus simples de la vie, qui nous affectent directement, sont ainsi rendues inintelligibles, au grand détriment des jeunes gens formés à une pareille école. Les choses elles-mêmes, au contraire, sont parfaitement simples et compréhensibles, comme le lecteur peut s'en convaincre par l'analyse que j'en ai faite. (Voir le *Fondement de la morale*, § 17, et le *Monde comme volonté et comme représentation*, § 62). Mais au son de certains mots, tels que droit, liberté, le bien, l'être, — cet infinitif illusoire du rapport de liaison, — et d'autres de la même sorte, l'Alle-

mand est pris de vertige, tombe bientôt dans une
espèce de délire, et s'échappe en phrases ampoulées et
vides de sens. Il coud artificiellement ensemble les
notions les plus éloignées et par conséquent les plus
creuses, au lieu de fixer ses yeux sur la réalité et de
voir les choses telles qu'elles sont. C'est de ces choses
que sont tirées les idées en question, et ce sont elles
qui, par suite, leur donnent leur seule signification
vraie.

Celui qui part de l'idée préconçue que la notion du
droit doit être positive, et qui ensuite entreprend de
la définir, n'aboutira à rien ; il veut saisir une ombre,
poursuit un spectre, entreprend la recherche d'une
chose qui n'existe pas. La notion du droit, comme celle
de la liberté, est négative ; son contenu est une pure
négation. C'est la notion du tort qui est positive ; elle
a la même signification que nuisance — *lœsio* — dans
le sens le plus large. Cette nuisance peut concerner ou
la personne, ou la propriété, ou l'honneur. Il s'ensuit de
là que les droits de l'homme sont faciles à définir :
chacun a le droit de faire tout ce qui ne nuit pas à un
autre.

Avoir un droit à quelque chose ou sur quelque chose
signifie simplement ou faire cette chose, ou la prendre,
ou en user, sans nuire par là à qui que ce soit. *Simplex sigillum veri*. Cette définition montre l'absurdité
de maintes questions : par exemple, si nous avons le
droit de nous enlever la vie. Quant aux droits que, dans
cette conjecture, d'autres pourraient avoir personnellement sur nous, ils sont soumis à la condition que
nous vivions, et tombent avec elle. Réclamer d'un

homme qui ne veut plus vivre pour lui-même, qu'il
continue à vivre comme une simple machine pour
l'utilité d'autres hommes, c'est là une exigence extra-
vagante.

Quoique les forces des hommes soient inégales, leurs
droits sont égaux. Ces droits en effet ne reposent pas
sur les forces, parce que le droit est de nature morale;
ils reposent sur le fait que la même volonté de vivre
s'affirme dans chaque homme au même degré d'objectivation. Ceci ne s'applique toutefois qu'au droit primordial et abstrait que l'homme possède en tant
qu'homme. La propriété, de même que l'honneur, que
chacun acquiert au moyen de ses forces, dépend de la
mesure et de la nature de ces forces, et offre alors à son
droit une sphère plus large ; ici, par conséquent, cesse
l'égalité. L'homme mieux équipé, ou plus actif, agrandit par son industrie non son droit, mais le nombre
des choses auxquelles celui-ci s'étend.

Dans les Suppléments au *Monde comme volonté et
comme représentation* (chap. xlvii), j'ai prouvé que
l'Etat, dans son essence, n'est qu'une institution existant
en vue de la protection de ses membres contre les attaques extérieures ou les dissensions intérieures. Il s'ensuit
de là que la nécessité de l'Etat repose, en réalité, sur la
constatation de l'*injustice* de la race humaine. Sans
elle, on ne penserait nullement à l'Etat ; car personne
ne craindrait une atteinte à ses droits. Une simple
union contre les attaques des bêtes féroces ou des éléments n'aurait qu'une faible analogie avec ce que nous
entendons par Etat. De ce point de vue, il est aisé de

voir combien sont bornés et sots les philosophastres qui, en phrases pompeuses, représentent l'Etat comme la fin suprême et la fleur de l'existence humaine. Une telle manière de voir est l'apothéose du philistinisme.

Si la *justice* gouvernait le monde, il suffirait d'avoir bâti sa maison, et l'on n'aurait pas besoin d'autre protection que de ce droit évident de propriété. Mais parce que l'*injustice* est à l'ordre du jour, il est nécessaire que celui qui a bâti la maison soit aussi en état de la protéger. Autrement son droit est imparfait *de facto* : l'agresseur a le droit de la force (*Faustrecht*). C'est précisément la conception du droit de Spinoza, qui n'en reconnaît pas d'autre. Il dit : « *Unusquisque tantum juris habet, quantum potentia valet* » (*Tractatus theologico-politicus*, chap. II, § 8), et : « *Uniuscujusque jus potentia ejus definitur* » (*Ethique*, propos. 37, scolie 1re.) C'est Hobbes qui semble lui avoir suggéré cette conception du droit, particulièrement par un passage du *De Cive* (chap. I, § 14), où il ajoute ce commentaire étrange, que le droit de Dieu en toutes choses repose uniquement sur son omnipotence.

Mais c'est là une conception du droit qui, en théorie comme en pratique, est abolie dans le monde civil ; dans le monde politique, elle ne l'est qu'en théorie, et continue à agir en pratique. Les conséquences de la négligence de cette règle peuvent se voir en Chine. Menacé par la rébellion à l'intérieur et par l'Europe à l'extérieur, cet empire, le plus grand du monde, reste là incapable de se défendre, et doit expier la faute d'avoir cultivé exclusivement les arts de la paix et ignoré ceux de la guerre.

Il y a entre les opérations de la nature créatrice et celles de l'homme une analogie particulière, mais non fortuite, qui est basée sur l'identité de la volonté dans l'une et dans l'autre. Après que les herbivores eurent pris place dans le monde animal, les carnassiers apparurent, nécessairement les derniers, dans chaque classe d'animaux, pour vivre de ceux-ci, comme de leur proie. Juste de la même façon, après que des hommes ont arraché au sol, loyalement et à la sueur de leur front, ce qui est nécessaire pour alimenter leur société, on voit arriver souvent une troupe d'individus qui, au lieu de cultiver le sol et de vivre de son produit, préfèrent exposer leur vie, leur santé et leur liberté, pour assaillir ceux qui possèdent leur bien honnêtement acquis, et s'approprier les fruits de leur travail. Ces carnassiers de la race humaine sont les peuples conquérants, que nous voyons surgir en tous lieux, depuis les temps les plus reculés jusqu'aux plus récents. Leurs fortunes diverses, avec leurs alternatives de succès et d'échecs, constituent la matière générale de l'histoire universelle. Aussi Voltaire a-t-il dit avec raison : « Dans toutes les guerres, il ne s'agit que de voler »[1]. Que les gouvernements qui font ces guerres en aient honte, ils le prouvent en protestant chaque fois qu'ils ne prennent les armes que pour se défendre. Mais au lieu de chercher à excuser cet acte par des mensonges publics officiels, presque plus révoltants que l'acte lui-même, ils devraient s'appuyer carrément sur la doctrine de Machiavel. Celle-ci admet entre individus, au point de vue de la morale et du droit, la valeur du principe : *Quod tibi*

---

1. En français dans le texte.

fleri non vis, id alteri ne feceris; tandis qu'entre peuples et en politique, c'est le contraire : *Quod tibi fleri
non vis, id alteri tu feceris.* Veux-tu ne pas être assu-
jetti : assujettis à temps ton voisin, c'est-à-dire dès
que sa faiblesse t'en offre l'occasion. Si tu laisses celle-
ci s'envoler, elle passera un jour dans le camp ennemi,
et c'est ton adversaire qui t'assujettira ; il se peut même
que ce ne soit pas la génération coupable de la faute,
mais la suivante, qui en fasse expiation. Ce principe de
Machiavel est en tout cas un voile beaucoup plus décent
à l'usage de la rapacité, que le haillon transparent des
mensonges les plus palpables dans les discours des
chefs d'Etat, discours dont quelques-uns rappellent
l'histoire bien connue du lapin accusé d'avoir attaqué
le chien. Chaque Etat regarde au fond l'autre comme
une horde de brigands qui tomberont sur lui, dès que
l'occasion s'en offrira.

Entre le servage, comme en Russie, et la propriété
foncière, comme en Angleterre, et, d'une façon générale, entre le serf, le fermier, le tenancier, le débiteur
hypothécaire, la différence est plutôt dans la forme
que dans le fond. Si c'est le paysan qui m'appartient, ou
la terre qui doit le nourrir ; si c'est l'oiseau, ou sa
pâture ; si c'est le fruit, ou l'arbre, — cela, en réalité,
ne diffère pas beaucoup. Comme le dit Shylock :

> ... You take my life,
> When you do take the means, whereby I live [1].

Le paysan libre a cet avantage, qu'il peut quitter sa

1. « Vous m'enlevez la vie, si vous m'enlevez les moyens par
lesquels je vis ».

terre et parcourir le vaste monde. Le serf, *glebæ ad-scriptus*, a de son côté l'avantage peut-être plus grand que, lorsque la mauvaise récolte, la maladie, la vieillesse ou l'incapacité le condamnent à l'impuissance, son maître est obligé de pourvoir à ses besoins. Aussi le serf dort-il tranquille, tandis que, en une année de mauvaise récolte, le maître s'agite sur son lit, rêvant aux moyens de procurer du pain à ses hommes. Voilà pourquoi Ménandre a déjà dit : ʽως κρεῖττον ἐστ δεσπότου χρηστοῦ τυχεῖν, ἢ ζῆν ταπεινῶς καὶ κακῶς ἐλεύθερον[1] (Stobée, *Florilège*, t. II, p. 389, édit. Gaisford, 1822). Un autre avantage de l'homme libre est la possibilité d'améliorer sa situation grâce à certains talents ; mais cette possibilité n'est pas non plus complètement enlevée à l'esclave. S'il se rend utile à son maître par des travaux d'un ordre un peu élevé, celui-ci le traitera suivant ses mérites. C'est ainsi qu'à Rome les artisans, contremaîtres, architectes et même médecins étaient pour la plupart des esclaves, et que de nos jours encore il y a en Russie, affirme-t-on, de gros banquiers qui sont des serfs. L'esclave peut aussi se racheter grâce à son industrie, comme cela arrive souvent en Amérique.

Pauvreté et esclavage ne sont donc que deux formes, on pourrait presque dire deux noms de la même chose, dont l'essence est que les forces d'un homme sont employées en grande partie non pour lui-même, mais pour d'autres : d'où pour lui, d'une part, surcharge de travail, de l'autre, maigre satisfaction de ses besoins. Car la nature n'a donné à l'être humain que les forces

---

1. « Combien il est préférable de subir un maître, que de vivre pauvre en qualité d'homme libre! »

nécessaires pour tirer sa nourriture du sol, en faisant d'elles un usage modéré ; il n'en a guère de superflues. En conséquence, si un nombre assez considérable d'hommes sont déchargés du commun fardeau de subvenir à l'existence de la race humaine, le fardeau des autres est démesurément accrû, et ils sont malheureux. C'est la première source du mal qui, sous le nom d'esclavage ou sous celui de prolétariat, a toujours accablé la grande majorité de la race humaine.

La seconde source, c'est le luxe. Pour qu'un petit nombre de personnes puissent avoir l'inutile, le superflu, le raffiné, puissent satisfaire des besoins artificiels, une grosse part des forces humaines existantes doit être employée à cet objet, et dérobée à la production de ce qui est nécessaire, indispensable. Au lieu de bâtir des cabanes pour eux, des milliers de gens bâtissent des demeures magnifiques pour un petit nombre ; au lieu de tisser des étoffes grossières pour eux et pour les leurs, ils tissent des étoffes fines, ou de soie, ou des dentelles, pour les riches, et confectionnent mille objets de luxe pour le plaisir de ceux-ci. Une grande partie de la population des villes se compose d'ouvriers de cette catégorie. Pour eux et leurs employeurs le paysan doit conduire la charrue, semer et faire paître les troupeaux, et il a ainsi plus de travail que la nature ne lui en avait primitivement imposé. En outre, il doit consacrer encore beaucoup de forces et de terrain à la culture du vin, de la soie, du tabac, du houblon, des asperges, etc., au lieu d'employer celles-là et celui-ci pour les céréales, les pommes de terre, l'élevage des bestiaux. De plus, une multitude d'hommes sont enlevés à l'agriculture et occupés à la construction des

vaisseaux, à la navigation, en vue de l'importation du
sucre, du café, du thé, etc. La production de ces super-
fluités redevient ensuite la cause du malheur de ces
millions d'esclaves noirs, qui sont arrachés par la violence à leur patrie, pour produire par leur sueur et
leur martyre ces objets de jouissance. Bref, une grande
partie des forces de la race humaine est enlevée à la
production de ce qui est nécessaire à l'ensemble, pour
procurer au petit nombre ce qui est tout à fait superflu
et inutile. Tant que le luxe existera, il y aura donc une
somme correspondante d'excès de travail et de vie
malheureuse, qu'on la nomme pauvreté ou esclavage,
qu'il s'agisse de *proletarii* ou de *servi*. La différence
fondamentale entre les deux, c'est que l'origine des
esclaves est imputable à la violence, celle des pauvres
à la ruse. L'état antinaturel tout entier de la société,
la lutte générale pour échapper à la misère, la navigation sur mer qui coûte tant de vies humaines, les intérêts commerciaux compliqués et enfin les guerres
auxquelles tout cela donne naissance, — ces choses
ont pour seule et unique racine le luxe, qui; loin de
rendre heureux ceux qui en jouissent, les rend plutôt
malades et de mauvaise humeur. Le moyen le plus efficace d'alléger la misère humaine serait donc de diminuer le luxe, et même de le supprimer.

Il y a incontestablement beaucoup de vérité dans ce
courant d'idées. Mais la conclusion en est réfutée par
un autre, que fortifie en outre le témoignage de l'expérience. Ce que, par ces travaux consacrés au luxe, la
race humaine perd en forces musculaires (irritabilité)
pour ses besoins les plus indispensables, lui est peu à
peu rendu au centuple par les forces nerveuses (sensi-

bilité, intelligence) s'affranchissant (dans le sens chimique) précisément à cette occasion. Comme celles-ci sont d'un ordre plus élevé, leur action surpasse au centuple aussi l'action de celles-là :

ὡς ἓν σοφὸν βούλευμα τὰς πολλῶν χείρας νικᾷ[1].

(Euripide, *Antiope*).

Un peuple composé uniquement de paysans découvrirait et inventerait peu de chose ; mais les mains oisives font les têtes actives. Les arts et les sciences sont eux-mêmes enfants du luxe, et ils lui paient leur dette. Leur œuvre est ce perfectionnement de la technologie dans toutes ses branches, mécaniques, chimiques et physiques, qui, de nos jours, a porté le machinisme à une hauteur qu'on n'aurait jamais soupçonnée, et qui, notamment par la vapeur et l'électricité, accomplit des merveilles que les temps antérieurs auraient attribuées à l'intervention du diable. Dans les fabriques et manufactures de tout genre, et jusqu'à un certain point dans l'agriculture, les machines accomplissent mille fois plus de travail que n'auraient jamais pu en accomplir les mains de tous les gens à l'aise, des lettrés et des intellectuels devenus oisifs, et qu'il n'aurait pu s'en accomplir par l'abolition du luxe et par la pratique universelle de la vie campagnarde. Ce ne sont pas les riches seuls, mais tous, qui bénéficient de ces industries. Des objets que jadis on pouvait à peine se procurer, se trouvent maintenant en abondance et à bon marché, et l'existence des plus basses classes elles-mêmes a beaucoup gagné en confort. Au moyen âge, un

1. « Un seul conseil sage l'emporte sur le travail d'un grand nombre de mains ».

roi d'Angleterre emprunta un jour une paire de bas de soie à l'un de ses lords, pour donner audience à l'ambassadeur de France. La reine Elizabeth elle-même fut très heureuse et très étonnée de recevoir, en 1560, sa première paire de bas de soie comme présent de nouvelle année.[1] Aujourd'hui chaque commis de magasin en porte. Il y a cinquante ans, les dames s'habillaient de robes de coton qui sont portées aujourd'hui par les servantes. Si le machinisme continue dans la même mesure ses progrès quelque temps encore, il en arrivera peut-être à supprimer presque complètement l'usage de la force humaine, comme il a déjà supprimé en partie l'usage de la force chevaline. On pourrait alors concevoir une certaine culture intellectuelle générale de l'humanité, qui est impossible tant qu'une grande partie de celle-ci doit rester soumise à un pénible travail corporel. Irritabilité musculaire et sensibilité nerveuse sont toujours et partout, en général comme en particulier, en antagonisme : la raison en est que c'est une unique et même force vitale qui réside au fond de l'une et de l'autre. Puisque, en outre, *artes molliunt mores*[2], il est possible que les querelles grandes et petites, les guerres ou les duels, disparaissent de la terre. Celles-là et ceux-ci sont déjà devenus beaucoup plus rares. Mais je ne me propose pas ici d'écrire une *Utopie*.

En dehors toutefois de ces raisons, les arguments allégués plus haut en faveur de l'abolition du luxe et de la répartition uniforme du travail corporel, sont

1. Voir D'Israeli. *Curiosities of Literature,* au chapitre : *Anecdotes of Fashion.*

2. « Les arts amollissent les mœurs ».

sujets à l'objection que le grand troupeau humain, toujours et partout, a nécessairement besoin de guides, conducteurs et conseillers, sous formes diverses, suivant les circonstances ; ce sont les juges, gouverneurs, généraux, fonctionnaires, prêtres, médecins, lettrés, philosophes, etc. Ils ont pour tâche d'accompagner ce troupeau, si incapable et si pervers dans sa majorité, à travers le labyrinthe de la vie, dont chacun, suivant sa position et sa capacité, a dû se faire une idée plus ou moins large. Que ces guides soient affranchis du travail corporel aussi bien que des besoins vulgaires et des tracas de l'existence ; que même, en proportion de leurs services bien supérieurs, ils possèdent plus et jouissent plus que l'homme vulgaire, — cela est naturel et rationnel. Même les grands négociants doivent être rangés dans cette classe privilégiée, quand ils prévoient à longue échéance les besoins de la population, et y pourvoient.

La question de la souveraineté du peuple est au fond la même que celle de savoir si un homme peut avoir le droit de gouverner un peuple contre sa volonté. Comment pourrait-on soutenir raisonnablement cette idée? Je ne le vois point. Sans doute, le peuple est souverain ; mais c'est un souverain toujours mineur, qui doit être soumis à une tutelle éternelle et ne peut exercer lui-même ses droits, sans provoquer des dangers énormes. D'autant plus que, comme tous les mineurs, il devient facilement le jouet de coquins rusés, que pour cette raison on nomme démagogues.

Voltaire a dit :

Le premier qui fut roi fut un soldat heureux.

Tous les princes ont évidemment été à l'origine des chefs victorieux, et pendant longtemps c'est à ce titre seul qu'ils ont régné. Après l'établissement des armées permanentes, ils considérèrent le peuple comme destiné à les nourrir, eux et leurs soldats, c'est-à-dire comme un troupeau sur lequel on veille, afin qu'il vous donne laine, lait et viande. Ceci résulte, ainsi que je l'expliquerai plus loin, de ce qu'en vertu de la nature, c'est-à-dire originellement, ce n'est pas le droit, mais la violence, qui domine sur la terre; celle-ci a sur celui-là l'avantage *primi occupantis*. Aussi ne se laisse-t-elle pas abolir et s'obstine-t-elle à ne pas disparaître complètement; toujours elle revendique sa place. Ce qu'on peut simplement désirer et réclamer, c'est qu'elle soit du côté du droit et associée avec lui. En conséquence, le prince dit à ses sujets : « Je règne sur vous par la force. Ma force en exclut donc toute autre. Je n'en souffrirai en effet aucune autre auprès de la mienne, ni une force extérieure, ni, à l'intérieur, celle de l'un contre l'autre. Ainsi vous voilà protégés ». Cet arrangement s'étant produit, la royauté s'est, avec les progrès du temps, développée tout autrement, et a rejeté l'idée antérieure dans l'arrière-fond, où on la voit encore de temps en temps flotter à l'état de spectre. Cette idée a été remplacée par celle du roi père de son peuple, et le roi est devenu le pilier ferme et inébranlable sur lequel seul reposent l'ordre légal tout entier, par conséquent les droits de tous, qui n'existent que de cette façon[1]. Mais un roi ne peut remplir ce rôle

1. Stobée dit. *Florilège*, t. II, p. 201, édit. citée : Πέρσαις νόμος ἦν, ὁπότε βασιλεὺς ἀποθάνοι, ἀνομίαν εἶναι πέντε ἡμερῶν, ἵν' αἴσθοιντο ὅσου ἄξιός ἐστιν ὁ βασιλεὺς καὶ ὁ νόμος. (C'était

qu'en vertu de sa prérogative *innée*, qui lui donne, et
à lui seul, une autorité que n'égale aucune autre, qui
ne peut être ni contestée ni combattue, à laquelle chacun obéit comme par instinct. Aussi dit-on avec raison
qu'il règne « par la grâce de Dieu ». Il est toujours la
personne la plus utile de l'Etat, et ses services ne sont
jamais trop chèrement payés par sa liste civile, si éle-
vée qu'elle soit.

Mais Machiavel lui-même est parti si décidément de
cette ancienne notion moyenageuse du prince, qu'il la
traite comme une chose évidente par elle-même; il la
présuppose tacitement et en fait la base de ses conseils. Son livre est tout bonnement l'exposé de la pratique encore régnante, ramenée à la théorie et présentée dans celle-ci avec une logique systématique; et
cette pratique, sous sa nouvelle forme théorique et dans
son achèvement, revêt un piquant intérêt. On peut dire
la même chose, remarquons-le en passant, de l'immortel petit livre de La Rochefoucauld, qui a pour thème
non la vie publique, mais la vie privée, et qui offre non
des conseils, mais des observations. Le titre de ce merveilleux petit livre est en tout cas blâmable : le plus
souvent l'auteur ne donne ni des *maximes*, ni des
réflexions, mais des *aperçus*. C'est donc ce dernier
titre qu'il devrait porter. Il y a d'ailleurs chez Machiavel même beaucoup d'idées applicables aussi à la vie
privée.

Le droit en lui-même est impuissant; dans la nature
règne la force. Mettre celle-ci au service de celui-là,

chez les Perses une loi que, quand un roi mourait, il y avait
cinq jours d'anarchie, afin que le peuple pût apprécier le bienfait
d'un roi et de la loi).

de manière à fonder le droit au moyen de la force, c'est le problème que doit résoudre l'art politique. Et c'est un problème difficile. On le reconnaîtra, si l'on songe quel égoïsme illimité loge dans presque chaque poitrine humaine, égoïsme auquel s'ajoute le plus souvent un fonds accumulé de haine et de méchanceté, de sorte qu'originellement le νεῖκος (l'inimitié) l'emporte de beaucoup sur la φιλία (l'amitié). Et il ne faut pas oublier que ce sont de nombreux millions d'individus ainsi constitués qu'il s'agit de maintenir dans les limites de l'ordre, de la paix, du calme et de la légalité, tandis qu'originellement chacun a le droit de dire à l'autre : « Ce que tu es, je le suis aussi ». Ceci bien pesé, on est en droit de s'étonner que les choses de ce monde aillent en somme d'une marche aussi tranquille et pacifique, équitable et réglée, que nous les voyons aller ; c'est la machinerie de l'Etat qui seule produit ce résultat.

Ce n'est en effet que la force physique qui peut agir directement ; constitués comme ils le sont en général, c'est pour elle seule que les hommes ont du sens et du respect. Si, pour s'en convaincre par expérience, on supprimait toute contrainte et si on leur représentait de la façon la plus claire et la plus persuasive ce qui est seul raisonnable, juste et bon, mais contraire à leurs intérêts, on ne constaterait que l'impuissance des seules forces morales, et la réponse serait le plus souvent un rire de mépris. C'est donc la force physique seule qui est capable de se faire respecter. Or, cette force réside originellement dans la masse, où elle est associée à l'ignorance, à la stupidité et à l'injustice. La première tâche de l'art politique, dans des condi-

tions si difficiles, est cependant de soumettre la force
physique à l'intelligence, à la supériorité intellectuelle,
et de la rendre utile. Mais si cette dernière n'est pas
associée à la justice et à de bonnes intentions, le résultat est que l'Etat ainsi organisé se compose de dupeurs
et de dupes. Ceci devient peu à peu évident par les
progrès de l'intelligence de la masse, si fortement
qu'on cherche à les entraver, et conduit à la révolution. Mais si, au contraire, l'intelligence est associée à
la justice et aux bonnes intentions, on arrive à un Etat
parfait, autant que peuvent être parfaites les choses
humaines. Il est très utile à ce point de vue que la justice et les bonnes intentions non seulement existent,
mais qu'elles soient démontrables et publiquement
exposées, de manière à être soumises au jugement et
au contrôle publics. Il faut toutefois empêcher que
cette participation de plusieurs personnes à l'œuvre
gouvernementale n'affecte, à l'intérieur comme à l'extérieur, l'unité de l'Etat, et ne fasse perdre à celui-ci en
concentration et en force. C'est presque toujours le cas
dans les républiques. Produire une constitution qui
satisferait à toutes ces exigences, serait en conséquence la tâche la plus haute de l'art politique. Mais,
en réalité, celui-ci doit compter aussi avec le peuple
et avec ses particularités nationales. C'est la matière
première dont les éléments exerceront toujours une
forte influence sur la perfection de l'œuvre.

Ce sera déjà beaucoup, si l'art politique pousse si
loin sa tâche, qu'il supprime la plus grande somme
d'injustice dans la communauté. L'extirper totalement,
c'est là le but idéal qui ne peut être qu'approximative-
ment atteint. Si l'on extirpe l'injustice d'un côté, elle

se faufile d'un autre ; car elle a de profondes racines
dans la nature humaine. On cherche à atteindre ce but
par la forme artificielle de la constitution et la perfection de la législation ; mais c'est une asymptote. La
première raison en est que les notions établies n'épui-
sent pas tous les cas particuliers et ne peuvent être
ramenées aux cas individuels. Elles ressemblent aux
pierres d'une mosaïque, non aux coups de pinceau
nuancés d'une peinture. En outre, toutes les expériences sont ici dangereuses, parce qu'on a affaire à la
matière la plus difficile à manier, la race humaine, qui
offre presque autant de périls qu'un explosif.

A ce point de vue, la liberté de la presse est pour la
machine de l'Etat ce que la soupape de sûreté est pour
la machine à vapeur. Elle permet à tous les mécontents
de trouver bientôt une voix, et si ces mécontents n'ont
pas de très grands griefs, cette voix s'éteint vite. Mais
si les griefs sont réels, il est bon qu'on les reconnaisse
à temps, pour y porter remède. Cela vaut infiniment
mieux que de laisser le mécontentement se concentrer,
couver, fermenter, bouillonner et s'accroître, jusqu'à
ce qu'il se termine par une explosion. D'autre part,
aussi, on peut envisager la liberté de la presse comme
la permission accordée de vendre du poison : poison
pour l'esprit et pour le cœur. Que ne peut-on pas, en
effet, faire entrer dans les têtes ignorantes et sans jugement de la multitude, surtout si l'on fait miroiter
devant elles le profit et l'argent ? Et quand un homme a
accueilli certaines idées, de quels crimes n'est-il pas
capable ? Je crains donc beaucoup que les dangers de
la liberté de la presse ne l'emportent sur son utilité, là
surtout où les voies légales permettent de se faire

rendre justice. En tout cas, la liberté de la presse devrait être soumise à l'interdiction la plus sévère de tout anonymat.

On pourrait admettre, d'une manière générale, que le droit est d'une nature analogue à certaines substances chimiques, qu'on ne peut présenter à l'état pur et isolé, mais tout au plus à l'aide d'un faible mélange avec d'autres substances qui leur servent de support, ou leur donnent la consistance nécessaire ; il en est ainsi du fluor, même de l'alcool, de l'acide prussique, etc. On peut dire que le droit aussi, s'il veut sérieusement s'imposer et même dominer, a nécessairement besoin d'une faible addition d'arbitraire et de force, pour parvenir, nonobstant sa nature purement idéale et par conséquent éthérée, à opérer et à subsister dans ce monde réel et matériel, sans s'évaporer et s'évanouir dans les nuages, comme cela arrive chez Hésiode [1]. Tout droit de naissance, tous privilèges héréditaires, toute religion d'Etat et maintes choses encore peuvent être regardés comme une base chimique nécessaire, ou un alliage de cette

1. Schopenhauer fait sans aucun doute allusion aux vers suivants, les seuls d'Hésiode qui puissent s'appliquer à l'idée en jeu :

ἡ δέ τε παρθένος ἐστὶ Δίκη, Διὸς ἐκγεγαυῖα,
κυδρή τ' αἰδοίη τε θεοῖς οἳ Ὄλυμπον ἔχουσιν.
καί ῥ' ὁπόταν τίς μιν βλάπτῃ σκολιῶς ὀνοτάζων,
αὐτίκα πὰρ Διὶ πατρὶ καθεζομένη Κρονίωνι
γηρύετ' ἀνθρώπων ἄδικον νόον...

Les Travaux et les Jours, vers 254-258.

(La Justice, cette vierge divine, fille de Jupiter, est auguste et respectée parmi les habitants de l'Olympe. Si quelqu'un lui fait injure et l'insulte, aussitôt elle va s'asseoir près de son père : elle se plaint à lui de la malice des hommes et demande vengeance).

(*Le trad.*)

nature. C'est seulement, en effet, sur un fondement solide de cette espèce, que le droit peut prévaloir et imposer logiquement ses prescriptions. Ce fondement serait donc en quelque sorte le δός μοι ποῦ στῶ[1] du droit.

Le système végétal artificiel et arbitraire d· Linné ne peut être remplacé par un système naturel, si raisonnable que serait celui-ci, et si fréquemment qu'on l'ait tenté ; c'est qu'en effet le système naturel n'offrirait jamais la certitude et la stabilité de définitions qu'offre le système artificiel et arbitraire. De la même façon, la base artificielle et arbitraire de la constitution de l'Etat, telle qu'elle est indiquée plus haut, ne peut être remplacée par une base purement naturelle. Celle-ci, faisant abstraction des conditions mentionnées, substituerait aux privilèges de la naissance ceux du mérite personnel, à la religion nationale les résultats de la recherche rationaliste, et ainsi de suite. Or, si conformes à la raison que pourraient être toutes ces choses, il leur manque cette certitude et cette fixité de définitions qui seules assurent la stabilité de la chose publique. Une constitution qui incarnerait seulement le droit abstrait, serait excellente pour d'autres êtres que les hommes. Mais puisque la grande majorité de ceux-ci est profondément égoïste, injuste, inconsidérée, menteuse, parfois même méchante et douée de peu d'intelligence, il s'ensuit la nécessité d'un pouvoir concentré en un *seul* homme, au-dessus même de la loi et du droit, absolument irresponsable, devant lequel tout se courbe, et dont le détenteur soit considéré comme un être d'essence supérieure, comme un maître par la

1. « Donne-moi un levier ».

grâce de Dieu. C'est seulement ainsi que l'humanité se laisse brider et conduire.

Nous voyons d'autre part les États-Unis de l'Amérique du Nord tenter de se tirer d'affaire sans cette base arbitraire, c'est-à-dire en laissant prévaloir le droit absolument sans alliage, pur, abstrait. Mais le résultat n'est pas attrayant. Car, en dépit de toute la prospérité matérielle du pays, qu'y trouvons-nous comme sentiment prédominant ? Le vil utilitarisme avec sa compagne inévitable, l'ignorance, qui a frayé la voie à la stupide bigoterie anglicane, aux sots préjugés, à la grossièreté brutale associée à la niaise vénération pour les femmes. Et même des choses pires y sont à l'ordre du jour : l'esclavage révoltant des nègres, uni à la plus excessive cruauté contre les esclaves, la plus injuste oppression des noirs libres, la loi de Lynch, les meurtres fréquents et souvent impunis, les duels d'une sauvagerie inouïe, le mépris de temps en temps affiché du droit et des lois, la répudiation des dettes publiques, l'escroquerie politique abominable d'une province voisine, suivie de raids rapaces sur son riche territoire, raids que le chef de l'Etat cherche ensuite à excuser par des mensonges que chacun, dans le pays, sait être tels, et dont on se moque. Ajoutez à cela l'ochlocratie toujours montante, et, finalement, l'influence désastreuse que la dénégation de la justice dans les hautes sphères doit exercer sur la moralité privée. Ce spécimen d'une constitution purement fondée sur le droit, du côté opposé de la planète, parle peu en faveur des républiques, et moins encore les imitations de ce spécimen au Mexique, au Guatémala, en Colombie et au Pérou.

Un désavantage tout particulier des républiques, auquel on ne s'attendrait pas, est aussi celui-ci, qu'il doit y être plus difficile aux intelligences supérieures d'arriver à de hautes situations, et, par là, à une influence politique directe, que dans les monarchies. Partout et toujours, en effet, dans toutes les circonstances, il y a une conspiration, ou une alliance instinctive, des intelligences bornées, débiles et vulgaires, contre les intelligences supérieures; celles-là font bloc, par suite d'une crainte commune, contre celles-ci. Il est facile au grand nombre des premières, sous une constitution républicaine, de supprimer et d'exclure les dernières, pour ne pas être débordées par elles. Ne sont-elles pas, en vertu du même droit originel, toujours cinquante contre une?

Dans une monarchie, au contraire, cette ligue naturelle et universelle des têtes bornées contre les têtes privilégiées n'existe que d'un côté, — en bas. D'en haut, au contraire, l'intelligence et le talent reçoivent des encouragements et une protection également naturels. En premier lieu, la situation du monarque est beaucoup trop haute et trop solide, pour qu'il ait à craindre une compétition quelconque. D'autre part, lui-même sert l'État plus par sa volonté que par son intelligence, qui ne peut absolument suffire à toutes les tâches qui lui incombent. Il doit donc toujours recourir à l'intelligence d'autrui. Voyant que son propre intérêt est étroitement lié à celui de son pays, qu'il en est inséparable et ne fait qu'un avec lui, il donnera naturellement la préférence aux hommes les meilleurs, parce qu'ils sont ses plus utiles instruments; il lui suffira de les trouver, ce qui ne lui est pas très difficile, s'il les cherche sincèrement. Dans le même ordre d'idées, les ministres ont une trop grande avance sur les hommes politiques qui se mettent e᠁ ᠁mière, pour les jalouser; et, en vertu de raisons ana᠁᠁ᠣes, ils discerneront volontiers les hommes distingués et les mettront à l'œuvre, pour utiliser leurs aptitudes. Ainsi, de cette façon, l'intelligence a, dans les monarchies, toujours de bien plus grandes chances contre son ennemie irréconci᠁able et omniprésente, la sottise, que dans les républiques. Et c'est là un avantage considérable.

La forme gouvernementale monarchique est naturelle à l'homme, à peu près comme elle l'est aux abeilles et aux fourmis, aux grues voyageuses, aux éléphants nomades, aux loups et aux autres animaux réunis pour leurs razzias, qui tous placent un seul d'entre eux à leur tête. Chaque entreprise humaine périlleuse, chaque expédition militaire, chaque vaisseau doit de même obéir à l'autorité d'un seul chef; il faut qu'il y ait partout une *seule* volonté dirigeante. Même l'organisme animal est construit sur un principe monarchique : c'est le cerveau seul qui guide et gouverne, qui est l'ἡγεμονικόν (la faculté directrice). Bien que le cœur, les poumons et l'estomac contribuent beaucoup plus au maintien de l'ensemble, ici ces philistins ne peuvent guider ni gouverner. C'est l'affaire du cerveau seul; la direction doit venir d'un seul point. Le système planétaire lui-même est monarchique. Le système républicain est pour l'homme aussi contre nature qu'il est défavorable à la vie intellectuelle supérieure, aux arts et aux sciences. Aussi voyonsnous que partout et de tout temps, dans le monde, les

peuples, civilisés ou sauvages, ou occupant une situation intermédiaire, ont été gouvernés monarchique-
ment.

Οὐκ ἀγαθὸν πολυκοιρανίη·εῖς κοίρανος ἔστω,
εῖς βασιλεύς [1].

(*Iliade*, chant II, vers 204).

Autrement, comment serait-il possible que nous
vissions partout et de tout temps des millions d'hommes — même des centaines de millions — se soumettre et obéir volontairement à un seul, parfois
même à une femme, provisoirement aussi à un enfant,
si l'homme ne possédait pas au fond de lui un instinct
monarchique qui le pousse vers cette forme de gouvernement, comme vers celle qui lui convient le
mieux ? Ceci en effet n'est pas le produit de la réflexion.
Partout *un* homme est le roi, et sa dignité est généralement héréditaire. Il est en quelque sorte la personnification, ou le monogramme, du peuple entier, qui
revêt par lui une individualité. En ce sens, il peut
même dire à juste titre : « l'État, c'est moi ». C'est
pour cette raison que nous voyons, dans les drames
historiques de Shakespeare, les rois d'Angleterre et
de France s'interpeller mutuellement par les noms de
« France » et « Angleterre », et appeler « Autriche »
le duc de ce pays [2]; cela vient de ce qu'ils se regardent en quelque sorte comme l'incarnation de leurs
nationalités. Tout cela est conforme à la nature
humaine ; et, pour cette raison, le monarque héréditaire ne peut absolument pas séparer son bonheur ni

1. « Ce n'est pas une bonne chose que le gouvernement de
plusieurs. Il faut un seul chef, un seul roi ».

2. *Le roi Jean*, acte III, scène I.

celui de sa famille de celui du pays. C'est au contraire
le cas le plus fréquent dans les monarchies électives,
comme le montrent les États de l'Église. Les Chinois
ne peuvent se faire une idée que du gouvernement
monarchique; ils ne comprennent nullement ce que
c'est qu'une république. Quand, en 1658, une ambassade hollandaise arriva en Chine, elle se vit forcée de
présenter le prince d'Orange comme roi du pays;
autrement, les Chinois auraient été tentés de prendre
la Hollande pour un nid de pirates qui vivaient sans
chef [1]. Stobée, dans un chapitre de son *Florilège*,
intitulé : ὅτι κάλλιστον ἡ μοναρχία (t. II, pp. 256-263, édit.
citée), a réuni les meilleurs passages où les anciens
exposent les avantages de la monarchie. Bref, les
républiques sont contre nature, artificielles, un produit de la réflexion; aussi ne constituent-elles que de
rares exceptions dans l'histoire universelle. Il y a les
petites républiques grecques, les républiques romaine
et carthaginoise, rendues possibles aussi par le fait
que les cinq sixièmes, peut-être même les sept hui-
tièmes de la population, étaient des esclaves. Les
États-Unis d'Amérique ne comptaient-ils pas eux aussi,
en 1840, sur 16 millions d'habitants, 3 millions d'esclaves? En outre, la durée des républiques de l'antiquité, comparée à celle des monarchies, a été très
courte. Il est facile de fonder les républiques, mais
difficile de les maintenir. C'est exactement le contraire
avec les monarchies.

Si l'on veut des plans utopiques, voici le mien :

1. Voir Jean Nieuhoff, *L'Ambassade de la compagnie orientale
des Provinces-Unies vers l'empereur de la Chine* (traduction par
Jean le Charpentier), Leyde, 1665, chap. xlv.

l'unique solution du problème serait le despotisme
des sages et des nobles d'une véritable aristocratie,
d'une véritable noblesse, *en vue de la génération*,
par le mariage des mâles les plus dignes avec les
femmes les plus intelligentes et les plus intellectuelles. Cette idée est mon Utopie, ma République de
Platon.

Les rois constitutionnels ont une ressemblance
incontestable avec les dieux d'Épicure, qui goûtent
dans les hauteurs de leur empyrée une félicité et un
calme parfaits, sans se mêler des affaires humaines.
Ils sont maintenant à la mode. Toute principauté allemande de douzième ordre offre une parodie complète
de la constitution anglaise, avec Chambre haute et
Chambre basse, y compris l'*Habeas corpus* et l'institution du jury. Ces formes, qui procèdent du caractère
anglais et des conditions historiques anglaises, et qui
présupposent celui-là et celles-ci, sont naturelles et
accommodées au peuple anglais. Mais il est tout aussi
naturel pour le peuple allemand d'être partagé en
beaucoup de souches soumises à autant de princes
régnants, avec, à leur tête, un empereur qui maintient
la paix au dedans et représente au dehors l'unité du
royaume; car cet arrangement procède du caractère
et des conditions historiques des Allemands. Je suis
d'avis que si l'Allemagne ne veut pas subir le même
destin que l'Italie, elle doit rétablir, et aussi effectivement que possible, la dignité impériale, supprimée
par son ennemi acharné, le premier Bonaparte. Car
l'unité allemande dépend d'elle et sera toujours, sans
elle, simplement nominale, ou précaire. Mais comme
nous ne vivons plus au temps de Gunther de Schwarz-

bourg [1], où le choix de l'empereur était une affaire
sérieuse, la couronne impériale devrait passer alterna-
tivement, à vie, à l'Autriche et à la Prusse. En tout
cas, la souveraineté absolue des petits États est illusoire. Napoléon Ier a fait pour l'Allemagne ce qu'a fait
Charlemagne pour l'Italie : il l'a partagée en beaucoup
de petits États indépendants, d'après le principe :
divide et impera.

Les Anglais montrent aussi leur grande intelligence
en ceci, qu'ils restent religieusement attachés à leurs
anciennes institutions, mœurs et coutumes, au risque
de pousser trop loin, et jusqu'au ridicule, cette ténacité. C'est que, pour eux, ces choses-là ne sont pas
l'invention d'un cerveau oisif, mais naissent graduel-
lement de la force des circonstances et de la sagesse
de la vie même, et leur conviennent conséquemment,
en tant que nation. D'autre part, le Michel allemand [2]
s'est laissé insinuer par son maître d'école qu'il doit
revêtir un vêtement anglais, que cela ne va pas autrement; il finit donc par l'obtenir de papa, et, avec ses
manières gauches et ses gestes empruntés, y fait une

1. Brave chevalier allemand, qui avait mis son épée au service de l'empereur Louis et de son fils, le margrave de Brande-
bourg. Les Wittelsbach l'opposèrent à l'empereur Charles IV et
l'élurent, non empereur, mais roi des Romains, à Francfort, le
30 janvier 1349. Il ne put toutefois résister à son rival, qui le
vainquit à Eltville, et il abdiqua le 20 mai 1349, en échange de
20.000 marks d'argent. Il mourut trois semaines après, le
14 juin, peut-être empoisonné, à l'âge de quarante-cinq ans. Il
fut inhumé dans la cathédrale de Francfort, où l'on voit encore
sa curieuse pierre tombale, peinte et dorée.   (Le trad.)

2. On sait que ce surnom de « Michel » personnifie l'ancienne
lourdeur et l'ex-bonhomie nonchalante et peu pratique des Allemands (car tout cela est bien changé aujourd'hui), comme
« John Bull » personnifie les Anglais, et « Jonathan » les Américains du Nord.   (Le trad.)

figure assez ridicule. Mais ce n'est pas tout : ledit vêtement finira par le serrer et par l'incommoder beaucoup
encore, et c'est le jury qui amènera tout d'abord ce
résultat.

Cette institution, née dans la période la plus barbare du moyen âge anglais, au temps du roi Alfred le
Grand, alors que la connaissance de la lecture et de
l'écriture exemptait encore un homme de la peine de
mort, est la pire de toutes les procédures criminelles.
Au lieu de juges savants et expérimentés, qui ont
vieilli à démêler journellement les mensonges et les
ruses des assassins, voleurs et coquins de toute espèce,
et sont ainsi capables d'aller au fond des choses, nous
voyons siéger des tailleurs et des tanneurs ; c'est leur
lourde et grossière intelligence, sans culture, pas
même capable d'une attention soutenue, qui est appelée à démêler la vérité du tissu décevant de l'apparence
et de l'erreur. Tout le temps, de plus, ils songent à
leur drap et à leur cuir, aspirent à rentrer chez eux, et
n'ont absolument aucune notion claire de la différence
entre la probabilité et la certitude. C'est avec cette
sorte de calcul des probabilités dans leurs têtes
stupides, qu'ils décident en confiance de la vie des
autres.

On peut leur appliquer ce que disait Samuel Johnson
au sujet d'un conseil de guerre réuni pour une affaire
importante, et auquel il se fiait peu : que peut-être pas
un seul de ses membres n'avait jamais passé, dans le
cours de sa vie, même une heure à peser en lui-même
des probabilités[1] ! Mais les jurés en question, affirme-

---

1. Boswell, *Life of Johnson*, année 1780, alors que son héros
avait soixante et onze ans.

t-on, sont si impartiaux! — Le *malignum vulgus* que
voilà! — Comme si la partialité ne serait pas dix fois
plus à craindre d'hommes de la même classe que l'accusé, que de juges qui lui sont complètement étrangers, qui vivent dans de tout autres sphères, sont ina-
movibles, et conscients de leur dignité? Mais laisser le
jury juger les crimes contre l'État et son chef, ou les
méfaits de la presse, c'est réellement donner la brebis
à garder au loup.

En tout lieu et en tout temps, gouvernements, lois
et institutions publiques ont soulevé de vifs mécon-
tentements. La principale raison en est qu'il existe
une tendance générale à leur imputer la misère inséparable de l'existence humaine, puisque, pour parler mythiquement, elle est la malédiction infligée à
Adam, et, en même temps, à toute sa race. Mais
jamais cette fausse assertion n'a été présentée d'une
manière plus mensongère et plus impudente que
par les démagogues du « temps présent ». Comme ennemis du christianisme, ils sont optimistes; le monde
est pour eux son « propre but »; par conséquent, en
lui-même, c'est-à-dire d'après sa constitution naturelle, il est excellemment arrangé, et forme un séjour
de bénédiction. Les maux énormes et criants qui s'y
manifestent, ils les attribuent uniquement aux gouvernements; si ceux-ci faisaient leur devoir, le ciel exis-
terait sur la terre, c'est-à-dire que tous les hommes
pourraient s'empiffrer, se soûler, se propager et crever,
sans effort ni peine. Ceci est la paraphrase de leur
monde qui est son « propre but » et le point d'aboutissement du « progrès indéfini de l'humanité », qu'ils

proclament en phrases pompeuses, d'une voix infatigable.

Jadis, c'était la foi qui servait avant tout d'appui au trône; aujourd'hui, c'est le crédit. Il est probable que le pape lui-même fait plus de cas de la confiance de ses créanciers que de celle de ses croyants. Si l'on déplorait autrefois les péchés du monde, on envisage aujourd'hui avec terreur les dettes de ce monde, et, de même que jadis on prophétisait le jugement dernier, on prophétise aujourd'hui la future grande καταστροφή, l'universelle banqueroute des nations, avec, dans ce cas comme dans l'autre, le ferme espoir de ne pas en être témoin soi-même.

Au point de vue éthique et rationnel, le *droit de propriété* est incomparablement mieux fondé que le *droit de naissance*. Cependant le premier est intimement lié au second, et il serait difficile de vouloir les séparer, sans mettre en péril celui-là. La raison en est que la plus grande partie de la propriété provient d'héritage, et constitue en conséquence aussi une sorte de droit de naissance. C'est ainsi que l'ancienne noblesse porte seulement le nom de la propriété patrimoniale, c'est-à-dire que, par ce nom, elle exprime seulement sa possession. Aussi tous les possédants, s'ils étaient intelligents au lieu d'être envieux, devraient-ils tenir également au maintien des droits de naissance.

La noblesse a donc cette double utilité d'aider à soutenir, d'une part, le droit de propriété, et, d'autre part, le droit de naissance du roi. Car le roi est le premier gentilhomme du pays, et il traite aussi, en règle

générale, le noble comme un modeste parent et tout
autrement que le bourgeois, si loin qu'aille sa confiance envers celui-ci. Il est aussi tout naturel qu'il se
fie davantage à ceux dont les ancêtres ont été pour la
plupart les premiers serviteurs et ont toujours constitué l'entourage immédiat de ses ancêtres à lui. Un
gentilhomme fait donc appel avec raison au nom qu'il
porte, quand, ayant peut-être fourni matière à un
soupçon, il réitère au roi l'assurance de sa fidélité et
de son dévouement. Comme mes lecteurs le savent,
c'est du père que s'hérite le caractère [1]. C'est le fait
d'un esprit ridiculement borné, de se refuser à examiner de qui un homme est le fils.

Toutes les femmes, à peu d'exceptions près, incli-
nent à la prodigalité. Aussi faut-il assurer contre leur
folie toute fortune acquise, à part les cas assez rares
où elles l'ont acquise elles-mêmes. Voilà pourquoi je
suis d'avis que les femmes ne sont jamais complètement majeures, mais devraient toujours être soumises
à la tutelle de l'homme, celle du père, du mari, du

---

1. C'est là une théorie chère à notre philosophe et qu'il développe longuement dans le *Monde comme volonté et comme représentation* (Supplément au livre III, chap. xliii). Il affirme non
seulement que les penchants, les aptitudes sont héréditaires, et
que le fils est ce qu'était le père, mais il prétend déterminer,
dans la transmission des qualités morales, la part de chacun des
deux géniteurs. Le père fournit l'élément primordial et fonda-
mental de tout être vivant, le besoin d'agir, la volonté; la mère,
l'intelligence, faculté d'ailleurs secondaire. Il va de soi que
Schopenhauer trouve facilement dans l'histoire des faits qui
semblent étayer sa théorie. Que, par exemple, Domitien ait été
le vrai frère de Titus, « c'est ce que je ne croirai jamais, dit-il,
et j'incline à mettre Vespasien au rang des maris trompés ».
Tout ce chapitre, en dépit de ses assertions hasardées, est
curieux et instructif.   (*Le trad.*)

fils, — ou de l'Etat, comme dans l'Inde. La conséquence, c'est qu'elles ne devraient jamais pouvoir dis-
poser, de leur libre autorité, d'une fortune qui ne leur
appartient pas en propre. Qu'une mère puisse devenir tutrice et administratrice de la part héréditaire
paternelle de ses enfants, ceci m'apparaît comme un
non sens impardonnable et une abomination. Dans la
grande majorité des cas, cette femme mangera avec
son amant — qu'elle l'épouse ou non — ce que le père
a, par le travail de toute sa vie, épargné pour ses
enfants, et aussi pour elle. Père Homère nous donne
déjà cet avertissement :

Οἶσθα γὰρ οἷος θυμὸς ἐνὶ στήθεσσι γυναικός.
Κείνου βούλεται οἶκον ὀφέλλειν, ὅς κεν ὀπυίῃ,
παίδων δὲ προτέρων καὶ κουριδίοιο φίλοιο,
Οὐκέτι μέμνηται τεθνηότος, οὐδὲ μεταλλᾶ [1].

(*Odyssée*, chant XV, vers 20-23.)

La mère devient souvent, après la mort du mari, une
belle-mère. Or, ce sont les belles-mères seules qui
jouissent du si mauvais renom qui a donné naissance au
terme de « marâtre ». Ce renom, elles le possédaient déjà
au temps d'Hérodote [2] (*Histoires*, livre IV, §. 154), et

1. « Tu sais quelle âme renferme le sein d'une femme. Elle
aspire toujours à augmenter les domaines de celui dont elle
devient l'épouse. Le souvenir de ses premiers enfants, du mari
défunt, s'efface, et jamais elle ne s'informe de ceux qui lui ont
été si chers. »

2. Il s'agit de la seconde femme d'Etéarque, roi d'Axos, qui,
« aussitôt dans la maison, fut pour Phronime (fille du premier
mariage) une marâtre, la maltraitant et toujours machinant
quelque chose contre elle; finalement, elle l'accusa d'impudicité,
et se fit croire de son mari ». Celui-ci obtint par serment d'un
marchand, son hôte, la promesse qu'il jetterait la jeune fille à la
mer; mais le marchand, pour satisfaire au serment que le roi lui

ont su se le conserver depuis. Les beaux-pères, au contraire, n'ont jamais été en jeu. Quoi qu'il en soit, une
femme, ayant toujours besoin d'une tutelle, ne peut
jamais être tutrice. En tout cas, une femme qui n'a
pas aimé son mari n'aimera pas non plus les enfants
qu'elle a eus de lui, surtout après qu'est passé le temps
de l'amour maternel purement instinctif, dont on ne
peut lui tenir compte au point de vue moral. Je suis
en outre d'avis qu'en justice le témoignage d'une
femme, *cæteris paribus*, devrait avoir moins de poids
que celui d'un homme; ainsi, par exemple, deux témoins masculins devraient valoir trois, et même quatre
témoins féminins. Car je crois que l'espèce féminine,
prise en masse, profère chaque jour trois fois autant
de mensonges que l'espèce masculine, et cela avec un
air de vraisemblance et de sincérité auquel ne peuvent
parvenir les hommes. Les mahométans, d'autre part,
exagèrent en sens contraire. Un jeune Turc cultivé me
disait un jour : « Nous considérons la femme uniquement comme le sol où l'on dépose la semence. Aussi
leur religion est-elle indifférente. Nous pouvons épou-
ser une chrétienne, sans exiger qu'elle se convertisse».
Comme je lui demandais si les derviches étaient ma-
riés : « Cela va de soi, me répondit-il ; le Prophète était
marié, et ils ne peuvent avoir la prétention d'être plus
saints que lui ».

Ne vaudrait-il pas mieux qu'il n'y eût pas de jours
fériés, et qu'il y eût à la place beaucoup d'heures

avait arraché par surprise, mit à la voile, et, en pleine mer,
attacha Phronime avec des câbles, la jeta dans les flots, l'en retira
et la conduisit chez lui.　　　　　　　　　　　*(Le trad.)*

fériées ? Quelle action bienfaisante n'exerceraient pas
les seize heures de l'ennuyeux et, par là même, dangereux dimanche, si douze d'entre elles étaient réparties
sur tous les jours de la semaine ! Deux exercices religieux suffiraient amplement au dimanche ; on ne lui en
consacre presque jamais davantage, et on en consacre
moins encore à la méditation pieuse. Les anciens
n'avaient pas non plus de jour de repos hebdomadaire.
Mais, à dire vrai, il serait très difficile d'assurer réellement aux gens, contre les empiètements du dehors, la
possession des deux heures quotidiennes de loisir ainsi
achetées.

Le juif-errant Ahasvérus n'est autre chose que la
personnification du peuple juif tout entier. S'étant
comporté criminellement à l'égard du Sauveur et
Rédempteur du monde, il ne doit jamais être affranchi
de la vie terrestre et de son fardeau, et se trouve condamné, de plus, à errer sans patrie à l'étranger. C'est
précisément là le crime et la destinée du petit peuple
juif, qui, chose vraiment merveilleuse, chassé depuis
bientôt deux mille ans de son ancien séjour, continue
à exister et à errer sans patrie ; tandis qu'un si grand
nombre de peuples glorieux, auprès desquels on ne
peut même pas mentionner l'insignifiante petite nation
en question, Assyriens, Mèdes, Perses, Phéniciens,
Egyptiens, Etruriens, etc., sont entrés dans l'éternel
repos et ont complètement disparu. C'est ainsi qu'aujourd'hui encore on trouve sur toute la surface de la
terre cette *gens extorris*, ce Jean sans Terre des peuples. Nulle part chez lui, étranger nulle part, il maintient avec un entêtement sans exemple sa nationalité.

En souvenir d'Abraham, qui vivait en étranger à Cha-
naan, mais devint peu à peu, conformément aux promesses de son Dieu, maître de tout le pays (Moïse,
livre I, chap. xvii, § 8), il voudrait bien aussi prendre
solidement pied quelque part et pousser des racines,
pour posséder de nouveau un pays, faute duquel un
peuple est une balle lancée en l'air[1]. Jusque là il vit en
parasite aux dépens des autres peuples et sur leur sol,
mais n'en est pas moins possédé du plus ardent patriotisme pour sa propre nation. Il le révèle par l'union la
plus étroite et la plus solide, en vertu de laquelle tous
sont pour un et un est pour tous ; de sorte que ce
patriotisme sans patrie exerce une action plus enthou-
siaste qu'aucun autre. La patrie du juif, ce sont les
autres juifs ; aussi combat-il pour eux, comme *pro ara
et focis*, et nulle communauté sur la terre n'est aussi
étroitement unie que celle-ci. Il ressort de là combien
il est absurde de vouloir leur attribuer une part dans le
gouvernement ou dans l'administration de n'importe
quel Etat. Leur religion, fondue dès l'origine dans leur
Etat, et formant un tout avec lui, n'est nullement le

1. Moïse (livre IV, chap. xiii et suiv., et livre V, chap. ii)
nous donne un exemple instructif des procédés de « la population définitive de la terre », en nous montrant comment des
hordes errantes venues du dehors cherchaient à refouler des
peuples établis qui possédaient un bon sol. Le dernier acte de
ce genre fut l' « émigration », ou plutôt la conquête de l'Amérique, le refoulement, qui dure toujours, des sauvages de l'Amérique, et aussi de ceux de l'Australie.
    Le rôle des juifs, quand ils s'établirent dans la Terre Sainte,
et celui des Romains, quand ils prirent possession de l'Italie, est
au fond le même : celui d'un peuple immigré qui combat constamment ses anciens voisins et finit par les assujettir. La seule
différence, c'est que les Romains sont allés infiniment plus loin
dans cette voie que les juifs.

principe, mais plutôt seulement le lien qui les unit,
leur « point de ralliement[1] », et le signe distinctif
auquel ils se reconnaissent. Ceci se montre encore en
ce que même le juif baptisé, loin d'attirer sur lui, comme en général les apostats, la haine et le mépris des
autres juifs, ne cesse pas, en règle générale, — si l'on
en excepte quelques orthodoxes, — d'être leur ami et
leur compagnon, et de les considérer eux-mêmes comme
ses véritables compatriotes. Même pour la célébration
régulière et solennelle de la prière, qui exige, chez les
juifs, la présence de dix personnes, l'une d'elles peut
être remplacée par un juif baptisé, mais non par un
chrétien proprement dit. De même pour tous leurs
autres actes religieux. La chose apparaîtrait plus clairement encore, si le christianisme venait à sombrer et
à disparaître : les juifs ne cesseraient pas pour cela de
faire bloc, en tant que juifs. C'est donc une manière de
voir très superficielle et très fausse, que de considérer
les juifs uniquement comme secte religieuse. Mais si,
pour favoriser cette erreur, on qualifie, par une expression empruntée à l'Eglise chrétienne, le judaïsme de
« confession juive », c'est là une expression radicalement fausse, employée à dessein pour induire en erreur,
qui devrait être absolument interdite. « Nation juive »
est le terme exact. Les juifs n'ont pas de confession : le
monothéisme appartient à leur nationalité et à leur
constitution politique, et, chez eux, se comprend de lui-
même. Oui, cela est bien entendu, le monothéisme et
le judaïsme sont des notions réciproques.

Les défauts connus des juifs, inhérents à leur carac-

1. En français dans le texte.

tère national, sont peut-être surtout imputables à la longue et injuste oppression qu'ils ont subie. (De ces défauts, le plus apparent est l'absence étonnante de tout ce qu'on entend par le mot *verecundia*, et cette lacune sert plus dans le monde que peut-être une qualité positive). Mais, si cela excuse ces défauts, cela ne les supprime pas. J'approuve absolument le juif raisonnable qui, rejetant les vieilles fables, les bourdes et les préjugés d'antan, sort par le baptême d'une communauté où il ne trouve ni honneur ni avantage, — bien qu'exceptionnellement ce dernier, — même s'il ne prend pas très au sérieux la foi chrétienne. En est-il bien différemment de chaque jeune chrétien qui récite son *Credo* lors de sa confirmation? Pour épargner toutefois au juif d'en venir là aussi, et pour en finir de la façon la plus douce possible avec cet état de choses tragi-comique, le meilleur moyen est assurément de permettre, et même de favoriser les mariages entre juifs et chrétiens; l'Eglise ne pourrait rien y objecter, puisqu'ils ont pour eux l'autorité de l'apôtre lui-même (*Première Epître de saint Paul aux Corinthiens*, chap. VII, § 12-16). Alors, au bout de cent et quelques années, il n'y aura plus que très peu de juifs, puis, bientôt après, le spectre sera complètement conjuré, Ahasvérus enseveli, et le peuple élu ne saura pas lui-même où il est resté. Ce résultat désirable échouera toutefois, si l'on pousse si loin l'émancipation des juifs, qu'on leur accorde des droits politiques, c'est-à-dire qu'on leur permette de participer à l'administration et au gouvernement des nations chrétiennes. Car c'est seulement alors qu'ils seront et resteront juifs *con amore*. Qu'ils jouissent des mêmes droits civils que les autres, l'équité le réclame;

mais leur accorder une part dans l'Etat, c'est absurde :
ils sont et restent un peuple étranger, oriental, et ne
doivent jamais être regardés que comme des étrangers
établis dans un pays. Quand, il y a environ vingt-cinq
ans, la question de l'émancipation des juifs fut débat-
tue au Parlement anglais, un orateur posa le cas hypo-
thétique suivant : Un juif anglais arrive à Lisbonne, où
il rencontre deux hommes réduits à la dernière détresse,
mais dont il a toutefois le pouvoir de sauver l'un. Personnellement, tous deux lui sont inconnus. L'un est un
Anglais chrétien, l'autre un Portugais juif. Lequel des
deux sauvera-t-il ? — Je crois qu'aucun chrétien pers-
picace, comme nul juif sincère, ne sera en doute sur la
réponse. Mais celle-ci donne la mesure quant aux droits
à accorder aux juifs.

En aucune circonstance la religion n'intervient aussi
directement et visiblement dans la vie pratique et matérielle, qu'en matière de serment. Il est vraiment
fâcheux que la vie et la propriété de l'un dépendent
ainsi des convictions métaphysiques d'un autre. Mais
si un jour, comme on est en droit de s'en préoccuper,
toutes les religions sombraient et toute foi disparais-
sait, qu'adviendrait-il du serment? Il vaut donc la
peine de rechercher s'il n'y a pas une signification du
serment purement morale, indépendante de toute foi
positive, et cependant réductible à des notions claires,
qui, comme un sanctuaire d'or pur, pourrait survivre à
cet incendie universel de l'Eglise ; cette signification
apparaîtrait toutefois un peu nue et sèche, à côté de la
pompe et du langage énergique du serment religieux.

Le but incontesté du serment est de remédier uni-

quement par la voie morale à l'habitude fréquente de
la fausseté et du mensonge chez l'homme, en rehaussant par une considération extraordinaire, en portant
vivement à sa conscience l'obligation morale, reconnue
par lui, de dire la vérité. Je vais tâcher d'exposer clairement, conformément à mon éthique, le sens purement moral, dégagé de tout accessoire transcendant et
mythique, d'une telle mise en relief de ce devoir.

J'ai établi dans le *Monde comme volonté et comme
représentation*, et plus en détail, dans mon Mémoire
couronné sur le *Fondement de la morale*, le principe
paradoxal, mais vrai, qu'en certains cas l'homme a le
droit de mentir ; et ce principe, je l'ai appuyé sur une
base et des explications sérieuses. Les cas prévus
étaient d'abord ceux où il aurait le droit d'employer la
force contre les autres, puis, ensuite, ceux où on lui
adresserait des questions absolument hors de lieu, dont
la teneur, qu'il refuse d'y répondre ou qu'il y réponde
au contraire très sincèrement, est de telle nature qu'elle
serait pour lui une source de danger. Précisément
parce que, en pareils cas, on est incontestablement
autorisé à ne pas dire la vérité, il faut, dans les circonstances importantes dont la solution dépend de la déclaration d'un homme, comme dans les promesses dont
l'accomplissement est d'une grande importance, d'abord
que celui-ci affirme en termes formels et solennels
qu'il ne rencontre pas ici les cas dont il s'agit ; qu'il
sache et se rende compte, par conséquent, qu'on ne lui
fait aucune violence ou aucune menace, et que le droit
seul est en jeu ; et, également, qu'il regarde la question
à lui adressée comme pleinement autorisée, en ajoutant
qu'il est conscient de l'action que sa déclaration va

exercer sur celle-ci. Cet exposé implique que s'il ment
dans ces circonstances, il commet consciemment une
grosse faute : ne lui a-t-on pas donné, en comptant sur
son honnêteté, pleins pouvoirs pour ce cas, qu'il peut
faire servir à la cause de l'injuste ou du juste ? S'il
ment, il constate clairement qu'il est un de ces individus qui, ayant le libre choix, met celui-ci, après la plus
calme délibération, au service de l'injuste. Le parjure
commis lui fournit ce témoignage sur lui-même. A cela
s'ajoute la circonstance que nul homme n'étant affranchi
de quelque besoin métaphysique, chacun porte aussi
en soi la conviction, même obscure, que le monde n'a
pas seulement une signification physique, mais a
aussi une signification métaphysique quelconque,
et même aussi que notre action individuelle, d'après
sa simple moralité, a, par rapport à cette signification, des conséquences toutes différentes et beaucoup
plus importantes que celles qui résultent de son activité
empirique, et qu'elle est, en réalité, d'une importance
transcendante. Je renvoie à ce sujet à mon Mémoire
couronné sur le *Fondement de la morale*, § 21. J'ajoute
seulement que l'homme qui refuse à sa propre action
toute autre signification que celle de l'empirisme, n'éta-
blira jamais cette affirmation sans éprouver une contradiction intérieure et sans exercer une contrainte sur lui-
même. L'invitation à prêter serment place expressément l'homme au point de vue où il doit se regarder,
c'est-à-dire uniquement comme un être moral, avec la
conscience de la haute importance pour lui-même de
ses décisions en cet ordre d'idées ; celles-ci doivent
écarter toutes les autres considérations, au point de les
faire complètement disparaître.

Ceci dit, peu importe si la conviction d'une signification métaphysique et en même temps morale de notre
existence, ainsi excitée chez nous, est simplement à
l'état vague, ou revêtue de toutes sortes de mythes et
de fables qui lui donnent de l'animation, ou éclairée
par la lumière du penser philosophique ; d'où cette
seconde conséquence, que peu importe, au fond, si la
formule du serment exprime un rapport mythologique,
ou est complètement abstraite, comme, en France, le :
« Je le jure ». La formule devrait être choisie d'après
le degré de culture intellectuelle de celui qui prête serment ; ne la choisit-on pas aussi conformément à la foi
positive qu'il professe ? La chose ainsi considérée, on
pourrait même très bien admettre à prêter serment un
homme qui ne professerait aucune religion.

PHILOSOPHIE DU DROIT

Les philosophes de l'antiquité ont réuni dans la même idée beaucoup de choses absolument hétérogènes ; chaque *Dialogue* de Platon nous en fournit des preuves en masse. La plus grave confusion de ce genre est celle entre l'éthique et la politique. L'Etat et le royaume de Dieu, ou la loi morale, sont choses tellement différentes, que le premier est une parodie du second, une amère moquerie de l'absence de celui-ci, une béquille au lieu d'une jambe, un automate au lieu d'un homme.

Les pseudo-philosophes de notre temps nous enseignent que l'Etat se propose de promouvoir les fins morales de l'homme; mais cela n'est pas vrai, c'est plutôt le contraire qui est vrai. La fin de l'homme — expression parabolique — n'est pas qu'il agisse ainsi ou autrement, car toutes les *opera operata*, toutes les choses faites, sont en elles-mêmes indifférentes. Non, la fin est que la volonté, dont chaque homme est un complet spécimen, ou plutôt cette volonté même, se tourne où elle doit se tourner ; que l'homme (l'union de la connaissance et de la volonté) reconnaisse cette volonté, le côté effrayant de cette volonté, qu'il se reflète dans ses actions et dans leurs horreurs. L'Etat, qui ne vise qu'au bonheur général, entrave les manifestations de la volonté mauvaise, nullement la volonté elle-même, ce qui serait impossible. C'est pour cette raison qu'il est très rare qu'un homme aperçoive toute l'abomination de ses actes dans le miroir de ceux-ci. Ou croyez-vous vraiment que Robespierre, Bonaparte, l'empereur du Maroc, les assassins que vous voyez rouer, soient seuls si méchants parmi tous les hommes? Ne comprenez-vous pas que beaucoup agiraient absolument comme eux, s'ils le pouvaient?

Maints criminels meurent plus tranquillement sur l'échafaud, que maints innocents dans les bras des leurs. Ceux-là ont reconnu leur volonté, et l'ont écartée. Ceux-ci n'ont pu l'écarter, parce qu'ils n'ont jamais pu la reconnaître. Le but de l'Etat est de créer un pays de Cocagne en opposition avec la véritable fin de la vie: la connaissance de la volonté dans sa puissance terrible.

Bonaparte n'était réellement pas pire que beaucoup d'hommes, pour ne pas dire la plupart. Il était possédé du très habituel égoïsme qui cherche son bonheur aux dépens d'autrui. Ce qui le distingue, c'est simplement la force plus grande avec laquelle il satisfaisait à cette volonté, l'intelligence, la raison et le courage plus grands, et enfin le champ d'action favorable que lui ouvrit le destin. Grâce à tous ces avantages, il fit pour son égoïsme ce que des milliers de gens voudraient bien faire pour le leur, mais ne peuvent pas. Tout faible garçon qui se procure, par de petites méchancetés, un mince avantage au détriment des autres, si peu grave que soit ce détriment, est aussi méchant que Bonaparte.

Ceux qui se bercent de l'illusion qu'il y a une récompense après la mort, voudraient que Napoléon expiât par des tortures indicibles les maux innombrables qu'il a causés. Mais il n'est pas plus coupable que tous ceux qui, ayant la même volonté, n'ont pas la même force. Par le fait qu'il possédait cette force rare, il a révélé toute la méchanceté de la volonté humaine; et les souffrances de son époque, comme le revers de la médaille, révèlent la misère inséparable de la volonté mauvaise, dont l'apparition, dans son ensemble, est le monde lui-même. Mais la fin et le but du monde, c'est précisément qu'on reconnaisse par quelle misère innommable la volonté est liée à la vie, et ne fait en réalité qu'une avec elle. L'apparition de Bonaparte contribue donc beaucoup à cette fin. Que le monde soit un fade pays de Cocagne, ce n'est pas le but de cette apparition; son but, au contraire, c'est qu'il soit un drame où la volonté de vivre se reconnaisse et s'écarte. Bonaparte est simplement un puissant miroir de la volonté humaine de vivre.

La différence entre celui qui cause la souffrance, et celui qui la subit, est seulement dans le phénomène. Tout cela est *une seule* volonté de vivre, identique à de grandes souffrances; et la connaissance de celles-ci peut détourner et faire cesser cette volonté.

Le principal avantage qu'avait l'ancien temps sur le nouveau, c'est peut-être que, jadis, « les paroles allaient aux choses », pour employer l'expression de Bonaparte, tandis que, maintenant, il n'en est pas ainsi. Je veux dire ceci : dans l'ancien temps, le caractère de la vie publique, de l'Etat et de la religion, comme celui de la vie privée, était une affirmation énergique de la volonté de vivre ; dans le temps nouveau, il est la négation de cette volonté, puisque cette négation est le caractère du christianisme. Mais maintenant on rabat en partie, même publiquement, de cette négation, parce qu'elle est trop en désaccord avec le caractère de l'humanité ; on affirme secrètement en partie ce que publiquement on nie. Aussi l'insuffisance et la fausseté se rencontrent-elles partout. Voilà pourquoi le temps nouveau paraît si petit à côté de l'ancien.

La mort de Socrate et le crucifiement du Christ font partie des grands traits caractéristiques de l'humanité.

La nature est plus aristocratique que tout ce que l'on connaît sur la terre. Car chaque différence que le rang ou la richesse en Europe, les castes dans l'Inde, établissent entre les hommes, est petite en comparaison de la distance que la nature a irrévocablement établie sous le rapport moral et intellectuel ; et dans son aristocratie, comme dans les autres, il y a dix mille plébéiens pour un noble, des millions de ces gens-là pour un prince ; quant à la grande masse, elle a nom *multitude, plebs, mob, rabble, la canaille.*

Aussi ses patriciens et ses gentilshommes, soit dit en passant, doivent-ils, aussi peu que ceux des gouvernements, se mêler à la racaille ; et plus ils sont haut, plus ils doivent vivre à part et rester inaccessibles.

On pourrait même considérer ces différences de rang
amenées par les institutions humaines, en quelque
sorte comme une parodie ou un faux remplacement
des différences naturelles. En effet, les signes extérieurs des premières, comme les témoignages de respect d'une part et les marques de supériorité d'autre
part, ne peuvent convenir et être appliqués sérieusement qu'à l'aristocratie naturelle[1], tandis que, en ce
qui concerne l'aristocratie humaine, ils ne peuvent
constituer qu'une apparence. Ainsi celle-ci est par
rapport à celle-là ce qu'est le clinquant à l'or, un roi
de théâtre à un roi véritable.

Toute différence de rang de nature arbitraire est
d'ailleurs reconnue volontiers par les hommes ; la seule
qui ne le soit pas, c'est la différence de rang naturelle.
Chacun est prêt à reconnaître l'autre pour plus distingué ou plus riche que soi, et en conséquence à le véné-
rer ; mais la différence infiniment plus grande que la
nature a mise irrévocablement entre les hommes, personne ne veut la reconnaître. En matière d'intelligence, de jugement, de perspicacité, chacun se juge
l'égal de l'autre. Aussi, dans la société, sont-ce précisément les meilleurs qui ont le désavantage. Voilà
pourquoi ils évitent cette société.

Ce ne serait peut-être pas un mauvais sujet pour un
peintre, de représenter le contraste entre l'aristocratie
naturelle et l'aristocratie humaine. Par exemple, un
prince avec toutes les marques distinctives de son rang

---

1. Ils doivent même dériver seulement de la constatation de
celle-ci, puisque tous paraissent indiquer bien autre chose
qu'une simple supériorité de puissance, pour la constatation de
laquelle ils n'ont manifestement pas été imaginés.

et une physionomie du dernier ordre, en conversation avec un homme dont la figure révélerait la plus
grande supériorité intellectuelle, mais qui serait revêtu
de haillons.

Une amélioration radicale de la société humaine, et,
par là, des conditions humaines en général, ne pourrait se produire d'une manière durable, que si l'on
réglait la liste des rangs positive et conventionnelle
d'après la nature. Ainsi les parias s'acquitteraient des
occupations les plus viles, les soudras se consacre-
raient aux travaux purement mécaniques, les vaysias
à la haute industrie, et seuls les véritables tchatrias
seraient hommes d'Etat, généraux et princes ; quant
aux arts et aux sciences, ils ne seraient cultivés que
par les brahmines. Tandis qu'aujourd'hui la liste conventionnelle des rangs est bien rarement en accord avec
la liste naturelle, ou plutôt est fréquemment en
opposition criante avec elle. Mais, cela fait, on aurait
enfin une *vita vitalis*. Sans doute, les difficultés sont
incommensurables. Il serait nécessaire que chaque
enfant choisît sa vocation non d'après l'état de ses
parents, mais d'après l'avis d'un profond connaisseur
des hommes.

Agir par instinct, c'est là un acte que l'idée du but
ne précède pas, comme pour tout autre acte, mais
au contraire suit. L'instinct est par conséquent la
règle *a priori* d'un acte dont le but peut être inconnu,
vu que l'idée de celui-ci n'est pas nécessaire pour parvenir à lui. Par contre, l'acte raisonnable ou intelligent obéit à une règle que l'intelligence, conformément à l'idée d'un but, a trouvée elle-même. Aussi cette

règle peut-elle être erronée, tandis que l'instinct est infaillible[1].

Il y a donc trois espèces d'*a priori* donnés :

1° La raison théorique, c'est-à-dire les conditions de la possibilité de toute expérience ;

2° L'instinct, règle pour atteindre un but inconnu favorable à mon existence matérielle ;

3° La loi morale, règle d'une action sans but.

1° L'acte raisonnable ou intelligent se produit d'après une règle conformément à une idée de but ;

2° L'acte instinctif, d'après une règle sans idée de but ;

3° L'acte moral, d'après une règle sans but.

De même que la raison théorique est l'ensemble des règles conformément auxquelles doit se dérouler toute ma connaissance, c'est-à-dire tout le monde expérimental, ainsi l'instinct est l'ensemble des règles d'après lesquelles doivent se dérouler tous mes actes, si nul trouble ne survient. Aussi le nom de raison pratique me semble-t-il le mieux approprié à l'instinct : car ce nom détermine, comme la raison théorique, la mesure de toute expérience.

La loi morale, au contraire, n'est qu'une vue unilatérale, prise du point de vue de l'instinct, de la *conscience meilleure*, qui gît au delà de toute expérience, c'est-à-dire de toute raison, aussi bien théorique que

---

1. Dans le livre de Jacobi. *Des choses divines et de leur révélation*, p. 18 (1811), on trouve un mélange de la conscience meilleure avec l'instinct par un syncrétisme dont seul est capable un esprit aussi antiphilosophique que Jacobi.
(Voir sur Jacobi la note d'*Écrivains et style*, p. 143.)

pratique (instinct). Elle n'a rien à faire avec celle-ci, excepté quand, par suite de son union mystérieuse avec elle en un *seul* individu, elles se rencontrent toutes deux, ce qui laisse à l'individu le choix d'être ou raison, ou conscience meilleure.

Veut-il être raison : il sera, comme raison théorique, un philistin ; comme raison pratique, un coquin.

Veut-il être conscience meilleure : nous ne pouvons rien dire positivement de plus sur lui, car notre assertion réside dans le domaine de la raison ; nous pouvons donc seulement dire ce qui se passe dans celui-ci, en ne parlant que négativement de la conscience meilleure. La raison éprouve donc alors un trouble : nous la voyons écartée comme *théorique*, et remplacée par le *génie*; nous la voyons écartée comme *pratique*, et remplacée par la *vertu*. La conscience meilleure n'est ni pratique ni théorique : car ce ne sont là que des divisions de la raison [1]. Si l'individu se place encore au point de vue du choix, la conscience meilleure lui apparaît du côté où elle a écarté la raison pratique (*vulgò*, l'instinct) comme loi impérative, comme obligation. Elle lui apparaît, ai-je dit, c'est-à-dire qu'elle reçoit cette forme dans la raison théorique, qui transforme tout en objets et en notions. Mais en tant que la conscience meilleure veut écarter la raison théorique, elle n'apparaît pas à celle-ci, parce que, dès qu'elle se manifeste ici, la raison théorique se trouve subordonnée et ne sert plus que celle-là. Voilà pourquoi le

---

1. Voir, sur l'apriorité de l'instinct, Platon dans son *Philèbe*. Elle lui apparaît comme le souvenir d'une chose qu'on n'a pas encore éprouvée. De même, dans le *Phédon* et ailleurs, tout savoir est pour lui un souvenir; il n'a pas d'autre mot pour exprimer l'*a priori* avant toute expérience.

génie ne peut jamais rendre compte de ses propres
œuvres.

Dans la moralité de nos actes, le principe juridique :
audienda et altera pars, ne peut pas valoir ; c'est-à-
dire que 'a sensualité et l'égoïsme n'ont pas le droit
de se faire entendre. Ce principe sera plutôt, dès que
la volonté pure se sera exprimée : *nec audienda altera
pars*.

Au sujet de la misère humaine, il y a deux dispositions opposées de notre âme.

Dans l'une, la misère humaine nous affecte directement, elle se prend à notre propre personne, à notre
propre volonté, qui veut violemment et toujours est
brisée, ce qui précisément constitue la souffrance. La
conséquence, qui se manifeste dans tous les affects et
toutes les passions, c'est que la volonté veut toujours
plus violemment, et ce vouloir de plus en plus fort
atteint sa fin seulement là où la volonté se détourne et
est remplacée par une complète résignation, c'est-à-
dire par la délivrance. Celui qui se trouve en plein
dans la disposition décrite, verra avec envie le bonheur
des autres, et sans sympathie leurs souffrances.

Dans la disposition opposée à celle-ci, la misère
humaine se présente à nous seulement comme *connaissance*, c'est-à-dire directement. La contemplation de la
souffrance des autres est prédominante, et détourne
notre attention de notre propre souffrance. Dans la
personne des autres nous percevons la souffrance
humaine, nous sommes remplis de compassion, et le
résultat de cette disposition est la bienveillance univer-

selle, l'amour des hommes. Toute envie a disparu, et nous sommes heureux de constater, à sa place, chez ces hommes torturés, un léger adoucissement, une légère joie.

Il y a de même, au sujet de la méchanceté et de la perversion humaines, deux dispositions opposées.

Dans l'une, nous percevons directement la méchanceté chez les autres. De là naissent l'indignation, la haine et le mépris de l'humanité.

Dans l'autre, nous percevons indirectement la méchanceté chez nous-même. De là naît l'humilité, et même la contrition.

Pour juger la valeur morale de l'homme, il est très important de savoir lesquelles de ces quatre dispositions prédominent en lui par couples (à savoir une de chaque division). Dans les très excellents caractères, c'est la seconde de la première division et la seconde de la suivante qui prédomineront.

De même que le corps humain le plus beau recèle dans son intérieur des ordures et des odeurs méphitiques, le plus noble caractère a des traits méchants, et le plus grand génie des traces de petitesse et de folie.

Toutes les règles générales sur l'homme et les prescriptions à son usage ne sont pas suffisantes, parce qu'elles partent de la fausse supposition d'une nature tout à fait ou à peu près semblable chez tous les hommes, point de vue qu'a même établi expressément la philosophie d'Helvétius. Or, la diversité originelle des individus sous le rapport intellectuel et moral, est incommensurable.

La question de la réalité de la morale est celle-ci : Y a-t-il véritablement un principe fondé, opposé au principe de l'égoïsme ?

Puisque l'égoïsme limite au propre individu seul le souci du bonheur, le principe opposé devrait étendre ce souci à tous les autres individus.

La racine du méchant caractère et du bon consiste, autant que nous pouvons la suivre par la connaissance, en ce que la conception du monde extérieur et particulièrement des êtres animés, selon qu'ils sont plus semblables au propre « moi » de l'individu, est accompagnée, dans le méchant caractère, d'un constant : « Pas moi ! pas moi ! pas moi ! »

Dans le bon caractère, — nous supposons le bon caractère, comme le mauvais, développé à un haut degré, — la base fondamentale de cette conception est au contraire un : « Moi ! moi ! moi ! » constamment senti, d'où résultent bienveillance envers tous les hommes, intentions secourables à leur égard, et en même temps disposition d'âme gaie, rassurée, tranquillisée. C'est la disposition contraire qui accompagne le caractère méchant.

Mais tout ceci n'est que le phénomène, quoique saisi à la racine. Ici se présente le plus difficile de tous les problèmes : d'où vient, étant données l'identité et l'unité métaphysique de la volonté comme chose en soi, l'énorme diversité des caractères ? la méchanceté diabolique dé l'un ? la bonté d'autant plus surprenante de l'autre ? Par quoi ceux-là ont-ils été Tibère, Caligula, Caracalla, Domitien, Néron ? ceux-ci, les Antonins, Titus, Adrien, Nerva, etc. D'où provient une diversité semblable dans les espèces animales ? même chez les individus des races animales supérieures ? La méchanceté de la race féline, développée le plus fortement chez le tigre ? La malice perfide du singe ? La bonté, la fidélité, l'amour du chien ? de l'éléphant ? etc. Le principe de la méchanceté est manifestement le même chez l'animal que chez l'homme.

Nous pouvons atténuer un peu la difficulté du problème, en remarquant que toute cette diversité ne concerne finalement que le degré, et que les inclinations fondamentales, les instincts fondamentaux existent au complet dans tout être vivant, mais seulement à un degré et en rapports très différents. Cela toutefois ne suffit pas.

Comme explication, il nous reste seulement l'intellect et son rapport avec la volonté. L'intellect, toutefois, n'est nullement en rapport direct avec la bonté du caractère. Nous pouvons, il est vrai, dans l'intellect même, distinguer de nouveau l'intelligence comme conception de rapports d'après le principe de la raison, et la connaissance apparentée au génie, indépendante de cette loi, le *principium individuationis*, pénétrante, plus directe, qui conçoit aussi les idées : c'est celle qui se rapporte au moral. Mais l'explication à ce sujet laisse aussi beaucoup encore à désirer. « Les beaux esprits sont rarement de belles âmes », a remarqué justement Jean-Paul ; ils ne sont jamais non plus l'inverse. Bacon de Vérulam, qui fut moins, il est vrai, un bel esprit qu'un grand esprit, était un coquin.

J'ai allégué comme *principium individuationis* le temps et l'espace, vu que la multiplicité des choses homogènes n'est possible que par eux. Mais la multiplicité est aussi hétérogène ; elle et la diversité ne sont pas seulement quantitatives, elles sont aussi qualitatives. D'où provient la dernière, surtout au point de vue éthique ? Serais-je par hasard tombé dans la faute opposée à celle de Leibnitz, quand il établit son *identitas indiscernibilium ?*

La diversité intellectuelle a sa raison première dans le cerveau et le système nerveux, et, par là, est un peu moins obscure : intellect et cerveau sont appropriés aux besoins de l'animal, par conséquent à sa volonté. Chez l'homme seul se trouve parfois, par exception, un excédent, qui, lorsqu'il est fort, donne le génie.

Mais la diversité éthique semble provenir directement de la volonté. Autrement elle ne serait pas non plus hors du temps, vu que l'intellect et la volonté sont réunis seulement dans l'individu. La volonté est hors du temps, éternelle, et le caractère est inné, donc sorti de cette éternité ; conséquemment, on ne peut l'expliquer par rien d'immanent.

Peut-être, après moi, quelqu'un viendra-t-il éclairer et illuminer cet abîme.

C'est seulement parce que la volonté n'est pas assujettie au temps, que les blessures de la conscience sont incurables ; les souffrances qu'elles infligent ne s'apaisent pas peu à peu, comme les autres. Au contraire, une mauvaise action continue à oppresser la conscience, au bout d'un grand nombre d'années, avec la même force que lorsqu'elle était récente.

Comme le caractère est inné, que les actions sont seulement ses manifestations, que l'occasion de grands méfaits ne se présente pas souvent, qu'on recule devant des raisons opposées, que nos sentiments se révèlent à nous-mêmes par des désirs, des idées, des affects qui restent inconnus pour les autres, — on pourrait penser qu'un homme a jusqu'à un certain point une mauvaise conscience innée, sans avoir commis de grandes méchancetés.

L'homme, en se confondant avec son objet immédiat, en se reconnaissant comme un être dans le temps, en croyant être devenu et devoir passer, ressemble à un individu qui, debout sur le rivage, regarde les flots et s'imagine nager lui-même, tandis que ceux-ci restent immobiles ; et cependant il reste en repos, et les flots seuls s'écoulent.

De même que nous n'entendons d'un orchestre qui se prépare à jouer une superbe musique, que des sons confus, des accords fugitifs, par intervalles des morceaux qui commencent, mais ne s'achèvent pas, bref, des notes composites de tout genre, ainsi, dans la vie, transparaissent seulement des fragments, de faibles accords, des commencements et des échantillons inachevés de félicité, d'état satisfait, apaisé, riche en soi, qui se manifeste hors de la confusion de l'ensemble.

Et quelque morceau qu'un musicien de l'orchestre entame, il doit l'abandonner, car ce morceau n'est pas à sa place ; ce n'est pas le vrai morceau, le grand et beau morceau qui doit venir.

Rien de plus sot que de railler les contes de Faust et d'autres, qui se sont donnés au diable. La seule chose

fausse dans ces histoires, c'est qu'elles ne parlent que
de quelques individus, alors que nous sommes tous
dans le même cas et avons conclu le même pacte.
Nous vivons, peinons horriblement pour maintenir
notre vie, qui n'est qu'un long délai entre la sentence
du juge et l'exécution du condamné ; nous engraissons
le délinquant qui doit néanmoins finir par être pendu ;
nous jouissons, et, pour tout cela, nous devons mou-
rir ; pour tout cela, nous sommes soumis à la mort,
qui n'est pas une plaisanterie, mais une douloureuse
certitude ; elle est réellement la mort pour tous les
êtres terrestres, pour nous comme pour les animaux,
pour les animaux comme pour les plantes, comme
pour tout état de la matière. Il en est ainsi, et la conscience empirique raisonnable n'est vraiment capable
d'aucune consolation. En revanche aussi, les tourments
éternels après la mort sont une chose dépourvue de
sens, aussi bien que la vie éternelle : car l'essence du
temps, du principe même de la raison, dont le temps
n'est qu'une forme, est précisément qu'il ne peut rien
y avoir de fixe, de persistant, que tout est passager,
que rien ne dure. « La substance persiste », disent
quelques-uns. Mais Kant leur répond : « Elle n'est pas
une chose en soi, elle n'est qu'un phénomène ». Il
veut dire : elle n'est que notre représentation, comme
toute chose connaissable ; et nous ne sommes ni une
substance, ni des substances.

Quand j'écrase une mouche, il est bien clair que je
n'ai pas tué la chose en soi, mais seulement son phénomène.

Je ne puis m'empêcher de rire, quand je vois ces hommes réclamer sur un ton assuré et hardi la continuation, à travers l'éternité, de leur misérable individualité. Que sont-ils autre chose, en effet, que les pierres à face humaine emmaillottées qu'on voit avec bonheur Kronos dévorer, tandis que seul le vrai et immortel Zeus, à l'abri des atteintes de celui-ci, grandit pour régner éternellement ?

L'unique témoin des mouvements et des pensers les plus secrets de l'homme, c'est la conscience. Mais cette conscience, il doit un jour la perdre, et il le sait ; et c'est peut-être ce qui le pousse avant tout à croire qu'il y a encore un autre témoin de ses mouvements et de ses pensers les plus secrets.

L'homme est une médaille où est gravé d'un côté : « Moins que rien », et, de l'autre : « Tout en tout ».

De même, tout est matière, et en même temps tout est esprit. (Volonté et représentation.)

De même, ai-je toujours été et serai-je toujours ; et en même temps je suis éphémère comme la fleur des champs.

De même, la seule chose vraiment persistante est la matière ; et, en même temps, seulement la forme. La scolastique *forma dat esse rei* doit être modifiée ainsi : (rei) *dat forma essentiam, materia existentiam.*

De même, il n'existe en réalité que les idées ; et, en même temps, seulement les individus. (Réalisme, nominalisme.)

De même, le dieu de la mort, Yama, a deux visages : l'un féroce, l'autre infiniment aimable.

Il peut encore exister d'autres contradictions analogues, dont la vraie philosophie seule est en état de
donner la solution.

Si l'esprit de l'espèce qui dirige deux amants s'expri-
mait chez eux en idées claires, au lieu de s'exprimer
par des sentiments instinctifs, la haute poésie de leur
dialogue amoureux, qui actuellement ne parle, en
images romanesques et en paraboles idéales, que de
sentiments éternels d'aspiration démesurée, de pres-
sentiments d'une volupté sans bornes, d'une félicité
ineffable, de fidélité éternelle, et qui célèbre en méta-
phores hyperboliques les perles des dents de la déesse
qu'on adore, les roses de ses joues, le soleil de ses
yeux, l'albâtre de son sein, ses dons intellectuels imaginaires, etc., — cette haute poésie se traduirait à peu
près en ces termes :

DAPHNIS. — Je voudrais faire cadeau d'un individu à
la génération future, et je crois que tu pourrais lui
octroyer ce qui me manque.

CHLOÉ. — J'ai la même intention, et je crois que tu
pourrais lui donner ce que je n'ai pas. Voyons un peu.

DAPHNIS. — Je lui donne une haute stature et la
force musculaire ; tu n'as ni l'une ni l'autre.

CHLOÉ. — Je lui donne une chair opulente et de très
petits pieds ; tu n'as ni l'une ni les autres.

DAPHNIS. — Je lui donne une fine peau blanche, que
tu n'as pas.

CHLOÉ. — Je lui donne des cheveux et des yeux noirs :
tu es blond.

DAPHNIS. — Je lui donne un nez aquilin.

CHLOÉ. — Je lui donne une petite bouche.

DAPHNIS. — Je lui donne du courage et de la bonté d'âme, qu'il ne pourrait tenir de toi.

CHLOÉ. — Je lui donne un front haut et bien modelé, l'esprit et l'intelligence, qu'il ne pourrait tenir de toi.

DAPHNIS. — Taille droite, bonnes dents, santé solide, voilà ce qu'il reçoit de nous deux. Vraiment, tous deux ensemble nous pouvons douer en perfection l'individu futur. Aussi je te désire plus que toute autre femme.

CHLOÉ. — Et moi aussi je te désire.

Plus on a d'esprit, plus l'individualité est déterminée ; plus sont déterminées aussi, par conséquent, les exigences relatives à l'individualité de l'autre sexe répondant à celle-ci. D'où il suit que les individus spirituels sont particulièrement appropriés à l'amour passionné.

Par un vœu monastique religieusement observé, ou par n'importe quelle négation de la volonté de vivre, l'acte d'affirmation qui a fait entrer l'individu dans l'existence, est supprimé.

Celui qui affronte la mort pour sa patrie a triomphé de l'illusion qui limite l'existence à la propre personne. Il l'étend à l'amas d'hommes de sa patrie (et par là à l'espèce) dans lequel il continue à vivre.

Il en est de même à l'occasion de chaque sacrifice fait dans l'intérêt des autres: on élargit son existence jusqu'à l'espèce, — quoique, pour l'instant, seulement à une partie de cette espèce, celle qu'on a précisément sous les yeux. La négation de la volonté de vivre provient en tout premier lieu de l'espèce. Aussi les professeurs d'ascétisme, quand on professe celui-ci, tiennent-ils les bonnes œuvres, et plus encore les cérémonies religieuses, pour inutiles et indifférentes.

Les caprices résultant de l'instinct sexuel sont tout à fait analogues aux feux follets. Ils produisent la plus vive illusion. Qu'on les suive, ils nous conduisent dans le marécage, et s'évanouissent.

'Η αλαζονεία της ηδονης.
(L'illusion du plaisir).

Les illusions que nous apprêtent les désirs érotiques sont comparables à certaines statues qui, par suite de l'endroit où elles se dressent, sont destinées à n'être vues que de face ; alors elles sont belles, tandis que, de dos, elles offrent un vilain aspect. Il en est ainsi du mirage de l'amour. Tant que nous l'avons en perspective, tant que nous le voyons venir, c'est un paradis de volupté ; mais quand il est passé et que nous le contemplons par derrière, il se montre comme une chose futile, insignifiante, même répugnante.

SUR L'ÉDUCATION

D'après la nature de notre intellect, les idées doivent naître, par abstraction, de nos perceptions ; celles-ci doivent donc être antérieures à celles-là. Quand cette marche est réellement suivie, comme c'est le cas chez celui qui n'a eu d'autre précepteur et d'autre livre que sa propre expérience, l'homme sait parfaitement quelles sont les perceptions qui se trouvent sous chacune de ses idées et que celles-ci représentent; il connaît exactement les unes et les autres, et il les applique avec justesse à tout ce qui se présente à lui. Nous pouvons donner à cette marche le nom d'éducation naturelle.

Au contraire, dans l'éducation artificielle, les racontages, les enseignements et les lectures bourrent la tête de notions, avant l'existence de tout contact un peu sérieux avec le monde visible. On compte que l'expérience amènera plus tard les perceptions qui confirmeront toutes ces notions ; mais, en attendant, celles-ci sont appliquées à faux, et, en conséquence, les choses et les hommes sont faussement jugés, vus sous un faux jour, maniés de travers. Il advient ainsi que l'éducation produit des têtes biscornues. Voilà comment, dans

notre jeunesse, après avoir beaucoup appris et lu,
nous entrons souvent dans le monde d'un air à la fois
niais et drôle, et nous y montrons tantôt inquiets,
tantôt présomptueux. C'est que nous avons la cervelle
pleine de notions que nous nous efforçons maintenant
d'appliquer, mais que nous appliquons presque toujours mal. C'est le résultat de ce ὕστερον πρότερον qui,
par un procédé directement opposé au développement
naturel de notre esprit, place les notions avant les perceptions. Les éducateurs, en effet, au lieu de reconnaître chez l'enfant les facultés elles-mêmes, de les
juger et de songer à les développer, ne s'appliquent
qu'à lui bourrer la tête d'idées étrangères et toutes faites.
Il s'agit plus tard de corriger par une longue expérience tous ces jugements nés d'une fausse application
des notions ; et cela réussit rarement. Voilà pourquoi
si peu de lettrés possèdent le sain bon sens qu'on
trouve si fréquemment chez les illettrés.

Il résulte de ce que je viens de dire que le point capital de l'éducation serait d'entreprendre *par le bon bout*
la connaissance avec le monde, but véritable de
toute éducation. Il faut avant tout, pour cela, qu'en
chaque chose la perception précède la notion, la notion
étroite la notion plus large, et que l'enseignement
tout entier s'effectue dans l'ordre présupposé par les
notions des choses. Dès qu'un anneau manque à cette
chaîne, il en résulte des notions défectueuses, qui
amènent des notions fausses, puis, à la fin, une vue du
monde viciée individuellement, comme presque chacun
la promène longtemps dans sa tête, et la plupart des
gens, toujours. Celui qui s'examine lui-même décou-

vrira que la compréhension nette ou claire de maintes choses et de maints rapports passablement simples ne lui est venue que dans un âge très mûr, et parfois soudainement. C'est qu'il y avait jusque-là, dans sa connaissance du monde, un point obscur produit par une lacune de l'objet au temps de sa première éducation, que celle-ci ait été artificielle, donnée par les hommes, ou simplement naturelle, basée sur l'expérience individuelle.

On devrait donc chercher à établir logiquement la série naturelle des connaissances, pour initier ensuite méthodiquement, d'après elle, les enfants aux choses et aux rapports du monde, sans laisser entrer dans leurs têtes des sornettes dont souvent ils ne parviennent pas à se débarrasser. Il faudrait avant tout veiller à ce que les enfants n'emploient pas de mots auxquels ils n'associent aucune notion claire[1]. Mais le point capital serait toujours que les perceptions précédassent les notions, au lieu de l'inverse, comme c'est le cas aussi habituel que regrettable, analogue à celui de l'enfant qui vient au monde les jambes les premières, ou du vers qui étale d'abord sa rime. Alors que l'esprit de l'enfant est tout à fait dépourvu de perceptions, on lui inculque déjà des notions et des jugements, de véritables préjugés ; cet appareil tout préparé devient ensuite la source de ses perceptions et de ses expériences, tandis qu'il devrait déduire celles-là de celles-ci.

1. La plupart des enfants ont déjà la malheureuse tendance de se contenter des mots et de les apprendre par cœur, afin de se tirer d'affaire par leur aide, le cas échéant, au lieu de chercher à comprendre les choses. Cette tendance subsiste par la suite et fait que le savoir de beaucoup de gens instruits n'est qu'un simple verbiage.

La perception est multiple et riche, mais non comparable en brièveté et en rapidité à la notion abstraite qui vient bien vite à bout de tout; aussi ne rectifiera-t-elle que tardivement, ou peut-être jamais, ces notions préconçues. Qu'un homme constate, en effet, que la réalité des choses contredit l'idée qu'il s'est faite de celles-ci, il rejettera pour l'instant cette évidence comme insuffisante, il la niera, il se fermera les yeux pour ne pas la voir : il ne prétend pas que sa notion préconçue subisse un démenti. Ainsi il advient que beaucoup d'êtres humains traînent avec eux toute leur vie un tas de sornettes, de caprices, de fantaisies, d'imaginations et de préjugés qui vont jusqu'à l'idée fixe. Ils n'ont jamais essayé de tirer à leur propre usage des notions approfondies de perceptions et d'expériences, parce qu'ils ont reçu leurs idées toutes faites ; voilà ce qui les rend, eux et tant d'autres, si plats, si terre à terre. Aussi conviendrait-il de maintenir dans l'enfance, pour remédier à ce danger, la marche naturelle de l'éducation appuyée sur la connaissance. Aucune notion ne devrait être inculquée autrement que par la perception, tout au moins sans avoir confirmé celle-ci. L'enfant recevrait alors un petit nombre de notions, mais approfondies et exactes. Il apprendrait à juger les choses d'après sa propre mesure, et non d'après celle des autres. Puis il échapperait à mille caprices et à mille préjugés dont l'extirpation exige la meilleure partie de l'expérience et de l'école de la vie subséquentes. Son esprit s'habituerait pour toujours à la profondeur, à la clarté, au jugement personnel et à l'indépendance.

Les enfants devraient d'ailleurs connaître la vie, sous

chaque rapport, d'abord par l'original, et seulement ensuite par la copie. Ainsi donc, au lieu de se hâter de ne leur donner que des livres, il faudrait les initier par degrés aux choses et aux circonstances humaines. Qu'on prenne soin avant tout de leur inculquer une conception nette de la réalité et de les amener à toujours puiser directement leurs notions dans le monde réel et à les former d'après cette réalité ; mais qu'ils n'aillent pas les chercher ailleurs, dans les livres, les contes, les discours d'autrui, pour les transporter ensuite toutes faites dans la réalité. Cela reviendrait à dire que, la tête pleine de chimères, ils concevraient, d'une part, faussement celle-ci, s'efforceraient inutilement, d'autre part, de la modeler d'après ces chimères, et tomberaient dans des erreurs théoriques ou même pratiques. Car on aurait peine à croire quel mal font les chimères implantées de bonne heure, et les préjugés qui en résultent. L'éducation postérieure, qui nous vient du monde et de la vie réelle, doit être principalement consacrée à leur extirpation. C'est le sens d'une réponse d'Antisthène, qu'enregistre Diogène Laerce (*Vies des philosophes*, liv. IV, chap. VII) : ἐρωτηθεὶς τι τῶν μαθημάτων ἀναγκαιότατον, ἔφη, « τὸ κακὰ ἀπομαθεῖν ». (Comme on lui demandait quelle était la discipline la plus nécessaire : c'est de désapprendre les choses mauvaises, dit-il).

Comme les erreurs sucées de bonne heure sont en général indéracinables, et que le jugement ne mûrit qu'en tout dernier lieu, il faut épargner aux enfants jusqu'à seize ans toutes les études qui peuvent contenir une grande somme d'erreurs, philosophie, religion, vues générales de toute nature, et ne leur laisser cultiver

que les matières où les erreurs sont impossibles, comme
les mathématiques, ou peu dangereuses, comme les langues, les sciences naturelles, l'histoire, etc. ; en un
mot, seulement les branches de savoir accessibles à
chaque âge et que celui-ci peut comprendre. L'enfance
et la jeunesse sont le temps propre à recueillir des faits
et à apprendre les détails spécialement et à fond ; par
contre, le jugement en général doit rester encore en
suspens, et les explications ultimes doivent être ajour-
nées. Il faut laisser reposer le jugement, qui présuppose maturité et expérience, et se garder d'anticiper
son action, en lui insufflant des préjugés qui le para-
lyseraient à jamais.

Par contre, la mémoire ayant dans la jeunesse sa
plus grande force et sa plus grande ténacité, c'est à
elle qu'il faut avant tout recourir ; mais avec le plus
grand soin, après des réflexions scrupuleuses. Les choses
qu'on a bien apprises dans la jeunesse ne s'oublient
jamais, on devrait s'efforcer de tirer de cette disposition
précieuse le plus grand profit possible. Si nous nous
rappelons combien sont profondément enracinées dans
notre mémoire les personnes que nous avons connues
dans les douze premières années de notre vie; combien
sont indélébiles les événements de ce temps-là et la
majeure partie des choses que nous avons alors faites,
entendues, apprises, c'est une idée toute naturelle de
fonder l'éducation sur cette réceptivité et cette ténacité
de l'esprit juvénile ; il s'agit de diriger avec une sévé-
rité méthodique et systématique toutes les impressions
vers ces deux propriétés.

Mais les années de jeunesse accordées à l'homme
sont courtes, et la capacité de la mémoire, surtout de

la mémoire individuelle, est limitée ; le mieux serait
donc de remplir celle-ci de ce qu'il y a de plus essentiel
et de plus important en tout ordre de choses, en
excluant tout le reste. Ce sont les cerveaux les plus
capables et les maîtres en chaque spécialité qui devraient
entreprendre un jour ce choix, et l'établir après mûre
réflexion. Il devrait s'appuyer sur l'examen de ce qui
est nécessaire à l'homme en général, et à chaque métier
en particulier. Les connaissances de la première espèce
devraient être ensuite partagées en cours gradués, ou
encyclopédies, adaptés au degré de culture générale
qu'on est en droit d'attendre de chacun, dans les conditions où il est placé ; ces cours partiraient de l'enseignement primaire indispensable, et s'étendraient jusqu'à tous les objets traités en philosophie. Quant aux
connaissances de la seconde espèce, elles resteraient
au choix des vrais maîtres en chaque branche. Le tout
donnerait un canon spécial de l'éducation intellectuelle,
lequel aurait besoin, il est vrai, d'être révisé tous les
dix ans. Ces arrangements auraient pour conséquence
d'utiliser de la manière la plus avantageuse la puissance juvénile de la mémoire, et de fournir une base
excellente au jugement qui se développera plus tard.

La maturité de la connaissance, c'est-à-dire la perfection à laquelle celle-ci peut atteindre en chaque
individu, consiste en l'existence d'une correspondance
exacte entre toutes ses notions abstraites et ses perceptions. Cela signifie que chacune de ses notions
repose, directement ou indirectement, sur une base
d'observation qui lui donne seule une réelle valeur ; et
aussi qu'elle est apte à placer chaque perception qui se

présente sous la notion exacte qui lui appartient. La
maturité est l'œuvre de l'expérience seule, et par conséquent du temps. Comme nous acquérons le plus souvent séparément nos connaissances perceptibles et nos
connaissances abstraites, les premières par la voie
naturelle, les secondes par les bons et mauvais enseignements et par les communications des autres, il y a
d'ordinaire dans la jeunesse peu d'accord et d'union
entre nos notions, fixées par de simples mots, et notre
connaissance réelle, obtenue par la perception. C'est
seulement au fur et à mesure que celles-là et celle-ci
se rapprochent, et se corrigent mutuellement ; ce n'est
toutefois que quand leur union est tout à fait complète, que la connaissance est mûre. Cette maturité est
absolument indépendante d'une autre espèce de perfection, celle plus ou moins grande des facultés d'un
chacun. Cette dernière perfection repose non sur la
cohésion de la connaissance abstraite et de la connaissance intuitive, mais sur le degré d'intensité de
toutes deux.

Pour l'homme pratique, l'étude la plus utile est l'ac-
quisition d'une connaissance exacte et approfondie du
train des choses de ce monde. Mais cette étude est
aussi la plus pénible, puisqu'on peut la prolonger jusqu'à un âge très avancé, sans jamais arriver au bout ;
tandis que, en matière de sciences, on possède dès la
jeunesse les données les plus importantes. L'enfant et
l'adolescent ont sous ce rapport, en leur qualité de
novices, les premières et les plus dures leçons à subir;
mais il arrive souvent que même l'homme mûr a encore
beaucoup à apprendre.

Cette difficulté déjà grande en elle-même est encore doublée par les romans, qui représentent un état de choses et un cours d'événements humains n'existant pas dans la réalité. Or, la jeunesse accepte ces idées-là avec sa crédulité habituelle, et elles deviennent une part de son esprit. Ainsi, à la place d'une ignorance simplement négative, on a tout un tissu de fausses présuppositions, erreur positive qui déconcerte ensuite jusqu'à l'école de l'expérience elle-même, et fait apparaître ses enseignements sous un faux jour. Si, auparavant, le jeune homme marchait dans les ténèbres, il est maintenant égaré encore par des feux-follets. La jeune fille l'est souvent encore plus. Les romans ont créé chez eux toute une fausse vue de l'existence et éveillé des attentes qui ne peuvent être remplies. Ceci exerce très fréquemment la plus fâcheuse influence sur leur vie entière. A ce point de vue, ceux qui dans leur jeunesse n'ont pas trouvé le temps ou l'occasion de lire des romans, comme les ouvriers, par exemple, ont un avantage décidé. Il y a peu de romans à excepter de ce reproche, ou qui aient, surtout, un effet opposé. Citons au premier rang *Gil Blas* et les autres œuvres de Le Sage (ou plutôt leurs originaux espagnols), puis le *Vicaire de Wakefield,* et une partie des romans de Walter Scott. *Don Quichotte* peut être regardé comme une démonstration satirique en règle de l'erreur à laquelle je fais ici allusion.

OBSERVATIONS PSYCHOLOGIQUES

Chaque animal, et spécialement l'homme, a besoin, pour pouvoir exister et prospérer dans le monde, d'une certaine conformité et proportion entre sa volonté et son intellect. Plus la nature les aura établies d'une façon exacte et juste, plus sa course à travers le monde sera légère, assurée, agréable. En attendant, un simple rapprochement vers le point exact suffit déjà à le protéger contre la destruction. Il y a, par conséquent, une certaine latitude entre les limites de l'exactitude et de la proportion dudit rapport. La norme valable est la suivante : l'intellect ayant pour destination d'éclairer et de guider les pas de la volonté, plus l'impulsion intime d'une volonté sera violente, impétueuse et passionnée, plus l'intellect qui lui est adjoint sera accompli et clair. Il en est ainsi pour que la violence de la volonté et de l'effort, l'ardeur des passions, l'impétuosité des affects n'égarent pas l'homme, ou ne l'entraînent pas à des actions inconsidérées, mauvaises, périlleuses : ce qui résulterait infailliblement d'une volonté violente associée à un faible intellect. D'autre part, un caractère flegmatique, c'est-à-dire une volonté faible et molle, peut se tirer d'affaire avec un mince intellect : une volonté modérée a besoin d'un intellect modéré. En général, une disproportion entre la volonté et l'intellect, c'est-à-dire chaque écart de la proportion normale indiquée, tend à rendre l'homme malheureux ; et le même fait se produit, si la disproportion est renversée. Ainsi le développement anormal et trop puissant de l'intellect, et sa prédominance tout à fait disproportionnée sur la volonté, qui constituent l'essence du génie, ne sont pas seulement superflus pour les besoins et les fins de la vie, mais leur sont directement préjudiciables. Cela signifie que, dans la jeunesse, l'excessive énergie avec laquelle on conçoit le monde objectif, accompagnée par une vive fantaisie et dépourvue d'expérience, rend la tête accessible aux idées exagérées et même aux chimères;d'où résulte un caractère excentrique, et même fantasque. Et si, plus tard, après les leçons de l'expérience, cet état d'esprit a disparu, le génie, dans le monde ordinaire et dans la vie bourgeoise, ne se sentira néanmoins jamais aussi complètement chez lui, ne prendra jamais aussi nettement position et ne cheminera aussi à l'aise, que la tête normale ; il commettra même plutôt souvent d'étranges méprises. Car l'homme ordinaire se sent si parfaitement chez lui dans le cercle étroit de ses idées et de ses vues, que personne ne peut y avoir prise sur lui, et sa connaissance reste toujours fidèle à son but originel, qui est de servir la volonté ; cette connaissance s'applique donc constamment à ce but, sans jamais extravaguer. Le génie, au contraire, ainsi que je l'ai démontré autre part, est au fond un *monstrum per excessum* ; juste comme, à rebours, l'homme passionné et violent, dépourvu d'intelligence, le barbare sans cervelle, est un *monstrum per defectum*.

La volonté de vivre, qui forme le noyau le plus intime de tout être vivant, se manifeste de la façon la moins dissimulée, et se laisse en conséquence le plus nettement observer, chez les animaux supérieurs, c'est-à-dire les plus intelligents. Car, au-dessous de ceux-ci, elle n'apparaît pas encore nettement, elle a un degré moindre d'objectivation ; mais, au-dessus, c'est-à-dire chez l'homme, à la raison est associée la réflexion, et à celle-ci la faculté de dissimuler, qui jette bien vite un voile sur elle. Ici ce n'est donc plus que dans les explosions des affects et des passions, qu'elle se manifeste sans masque. C'est pourquoi la passion, chaque fois qu'elle élève la voix, trouve créance, quelle que soit sa nature, et avec raison. Pour la même cause, les passions sont le thème principal des poètes et le cheval de parade des comédiens. La manifestation de la volonté de vivre explique aussi le plaisir que nous causent les chiens, les chats, les singes, etc. ; c'est la parfaite naïveté de tous leurs actes qui nous charme tant.

Quelle jouissance particulière n'éprouvons-nous pas à voir n'importe quel animal vaquer librement à sa besogne, s'enquêter de sa nourriture, soigner ses petits, s'associer à des compagnons de son espèce, etc., en restant absolument ce qu'il est et peut être ! Ne fût-ce qu'un petit oiseau, je puis le suivre de l'œil longtemps avec plaisir. Il en est de même d'un rat d'eau, d'une grenouille, et, mieux encore, d'un hérisson, d'une belette, d'un chevreuil ou d'un cerf.

Si la vue des animaux nous charme tant, c'est surtout parce que nous goûtons une satisfaction à voir devant nous notre propre être si *simplifié*.

Il y a seulement une créature menteuse : l'homme. Chaque autre créature est vraie et sincère, car elle se montre telle qu'elle est et se manifeste comme elle se sent. Une expression emblématique ou allégorique de cette différence fondamentale, c'est que tous les animaux se manifestent sous leur forme naturelle ; cela contribue beaucoup à l'impression si heureuse que cause leur vue. Elle fait toujours battre mon cœur de joie, surtout si ce sont des animaux en liberté. L'homme, au contraire, par son vêtement, est devenu une caricature, un monstre ; son aspect, déjà repoussant pour ce motif, l'est plus encore par la pâleur qui ne lui est pas naturelle, comme par toutes les suites répugnantes qu'amènent l'usage contre nature de la viande, les boissons spiritueuses, les excès et les maladies. L'homme se tient là comme une tache dans la nature ! — C'est parce que les Grecs sentaient toute la laideur du vêtement, qu'ils le restreignaient à sa plus juste mesure.

L'angoisse morale occasionne des battements de cœur, et les battements de cœur occasionnent l'angoisse morale. Chagrin, souci, agitation de l'âme ont une action déprimante sur les fonctions de la vie et les rouages de l'organisme, qu'il s'agisse de la circulation du sang, des sécrétions, de la digestion. Des causes physiques paralysent-elles au contraire ou désorganisent-elles d'une façon quelconque ces rouages, qu'il s'agisse du cœur, des intestins, de la veine porte, des vésicules séminales, on voit s'ensuivre les préoccupa-

tions, les caprices et les chagrins sans objet, c'est-à-dire
l'état qu'on nomme hypocondrie. De même, par exemple,
la colère se manifeste par des cris, une attitude énergique, des gestes violents ; mais ces manifestations physiques accroissent de leur côté cette passion, ou la
déchaînent à la moindre occasion. Je n'ai pas besoin de
dire combien tout ceci confirme ma doctrine de l'unité
et de l'identité de la volonté avec le corps ; doctrine
d'après laquelle le corps n'est autre chose que la volonté
elle-même se représentant dans la perception du cerveau, envisagée sous le rapport de l'espace.

Maints actes attribués à la force de l'habitude reposent plutôt sur la constance et l'immuabilité du caractère originel et inné ; en vertu de ces conditions, dans
les circonstances analogues nous faisons toujours la
même chose, qui se produit par conséquent avec la
même nécessité la première fois que la centième. La
véritable force de l'habitude, au contraire, repose sur
l'indolence, qui veut épargner à l'intellect et à la
volonté le travail, la difficulté, et aussi le danger d'un
choix immédiat, et qui nous fait en conséquence faire
aujourd'hui ce que nous avons déjà fait hier et cent
fois, en sachant que l'on atteint ainsi son but.

Mais la vérité de ce fait a des racines plus profondes ;
car on peut l'expliquer d'une façon plus précise qu'il
n'apparaît au premier aspect. La force d'inertie appliquée aux corps qui ne peuvent être mus que par des
moyens mécaniques, devient force d'habitude quand
elle est appliquée aux corps qui sont mus par des motifs. Les actions que nous accomplissons par pure habitude s'effectuent en réalité sans motif individuel, isolé,

spécialement propre à ce cas ; aussi ne pensons-nous
pas en réalité à elles. Ce sont seulement les premières
actions, passées en habitude, qui ont eu un motif ; le
contre-effet secondaire de ce motif est l'habitude actuelle, qui suffit à permettre à l'action de continuer.
C'est ainsi qu'un corps, mis en mouvement par une
poussée, n'a pas besoin d'une nouvelle poussée pour
poursuivre son mouvement ; si rien n'arrête celui-ci, il
se poursuivra à jamais. La même règle s'applique aux
animaux : leur dressage est une habitude imposée.' Le
cheval traîne tranquillement sa voiture, sans y être
contraint ; ce mouvement qu'il exécute est l'effet des
coups de fouet qui l'y forcèrent au début ; cet effet s'est
perpétué sous forme d'habitude, conformément à la
loi de l'inertie. Tout ceci est réellement plus qu'une
simple comparaison. C'est déjà l'identité de la volonté
à des degrés très différents de son objectivation, en
vertu desquels la même loi du mouvement prend des
formes si différentes.

Viva muchos años! C'est le salut habituel en Espa-
gne, et sur toute la terre on a coutume de souhaiter
aux gens une longue vie. Ceci s'explique non par la
connaissance qu'on a de la vie, mais au contraire par
la connaissance qu'on a de l'homme d'après sa nature :
la volonté de vivre.

Le désir que nourrit chaque homme qu'on se sou-
vienne de lui après sa mort, et qui s'élève chez
les grands ambitieux jusqu'à l'aspiration à la gloire
posthume, me semble né de l'attachement à la vie.
Quand on voit qu'il faut dire adieu à l'existence
réelle, on s'accroche à la seule existence encore pos-

sible, quoique uniquement idéale, c'est-à-dire à une ombre.

Nous désirons plus ou moins en terminer avec tout ce que nous faisons; nous sommes impatients d'en finir, et heureux d'en avoir fini. C'est seulement la fin générale, la fin de toutes les fins, que nous désirons, d'ordinaire, aussi éloignée que possible.

Chaque séparation donne un avant-goût de la mort, et chaque nouvelle rencontre un avant-goût de la résurrection. Ceci explique que même des gens indifférents les uns aux autres se réjouissent tellement, quand, au bout de vingt ou trente ans, ils se retrouvent ensemble.

La profonde douleur que nous fait éprouver la mort d'un ami, provient du sentiment qu'en chaque individu il y a quelque chose d'indéfinissable, de propre à lui seul, et, par conséquent, d'absolument irréparable. *Omne individuum ineffabile*. Ceci s'applique même à l'animal. C'est ce qu'ont pu constater ceux qui ont blessé mortellement, par hasard, un animal aimé, et reçu son regard d'adieu, qui vous cause une douleur infinie.

Il peut arriver que nous regrettions, même longtemps après, la mort de nos ennemis et de nos adversaires presque aussi vivement que celle de nos amis : c'est quand nous voudrions les avoir pour témoins de nos brillants succès.

Que l'annonce soudaine d'un événement très heureux

puisse facilement provoquer la mort, cela résulte du
fait que notre bonheur et notre malheur dépendent
seulement du rapport proportionnel entre nos exigences et notre situation matérielle. En conséquence,
les biens que nous possédons, ou sommes sûrs de
posséder, ne nous apparaissent pas comme tels, parce
que toute jouissance n'est en réalité que négative, et
n'a d'autre effet que de supprimer la douleur; tandis
que, au contraire, la douleur (ou le mal) est réellement
positive et sentie directement. Avec la possession, ou
la certitude de celle-ci, nos prétentions s'accroissent
immédiatement et augmentent nos désirs d'une possession nouvelle et de perspectives plus larges. Mais si
l'esprit est déprimé par une infortune continuelle, et
nos exigences rabaissées à un minimum, les événements heureux imprévus ne trouvent pas de terrain où
prendre pied. N'étant neutralisés par aucune exigence
antérieure, ils agissent maintenant d'une manière qui
semble positive, et, par conséquent, avec toute leur
force; ils peuvent ainsi briser l'âme, c'est-à-dire devenir mortels. De là les précautions connues que l'on
prend pour annoncer un événement heureux. D'abord
on le fait espérer, puis chatoyer aux yeux, ensuite connaître peu à peu et seulement par portions; car chaque
partie, ainsi précédée d'une aspiration, perd la force
de son effet, et laisse place à plus encore. On pourrait
donc dire que notre estomac n'a pas de fond pour
le bonheur, mais qu'il a une entrée étroite. Cela ne
s'applique pas de même aux événements malheureux
soudains; l'espérance se cabre toujours contre eux, ce
qui les rend beaucoup plus rarement mortels. Si la
crainte, en matière d'événements heureux, ne rend pas

un service analogue, c'est que, instinctivement, nous sommes plus enclins à l'espérance qu'à l'inquiétude. C'est ainsi que nos yeux se tournent d'eux-mêmes vers la lumière et non vers les ténèbres.

Espérer, c'est confondre le désir d'un événement avec sa probabilité. Mais peut-être pas un seul homme n'est-il affranchi de cette folie du cœur, qui dérange pour l'intellect l'estimation exacte de la probabilité à un degré tel, qu'il en vient à regarder une chance sur mille comme un cas très possible. Et cependant un événement malheureux sans espoir ressemble à la mort brusque, tandis que l'espoir, toujours désappointé et toujours vivace, est comme la mort à la suite d'une lente torture [1].

Celui qui a perdu l'espérance a aussi perdu la crainte : c'est le sens du mot « désespéré ». Il est naturel pour l'homme de croire ce qu'il désire, et de le croire parce qu'il le désire. Si cette particularité bienfaisante de sa nature vient à être déracinée par des coups durs et répétés du destin, et s'il en arrive à croire, au rebours, que ce qu'il ne désire pas arrivera, et que ce qu'il désire n'arrivera jamais, précisément parce qu'il le désire, il se trouve dans l'état qu'on a nommé le « désespoir ».

Que nous nous trompions si souvent au sujet des

---

1. L'espérance est un état auquel concourt tout notre être, c'est-à-dire volonté et intellect : celle-là, en désirant son objet; celui-ci, en le supputant comme vraisemblable. Plus forte est la part du dernier facteur et plus faible celle du premier, et mieux l'espérance s'en trouve; dans le cas inverse, c'est le contraire.

autres, cela n'est pas toujours la faute de notre jugement; la raison doit en être cherchée d'ordinaire dans
cette remarque de Bacon, que *intellectus luminis sicci
non est, sed recipit infusionem a voluntate et affecti-
bus*; à notre insu, en effet, nous sommes, dès le commencement, influencés pour eux ou contre eux par des
bagatelles. Cela provient souvent aussi de ce que nous
ne nous en tenons pas aux qualités que nous décou-
vrons réellement chez eux, mais concluons de celles-
ci à d'autres que nous regardons comme inséparables
de celles-là, ou incompatibles avec elles. Ainsi, par
exemple, nous concluons de la générosité à la justice;
de la piété à l'honnêteté; du mensonge à la tromperie; de la tromperie au vol, etc. Cela ouvre la porte à
beaucoup d'erreurs, par suite, d'une part, de l'étrangeté
des caractères humains, de l'autre, de l'étroitesse de
notre point de vue. Sans doute, le caractère est toujours conséquent et cohérent, mais les racines de
toutes ses qualités sont trop profondes pour qu'on
puisse décider, d'après des faits isolés, lesquelles, dans
un cas donné, peuvent ou non exister ensemble.

Le mot *personne*, employé dans toutes les langues
européennes pour désigner l'individu humain, est
inconsciemment caractéristique; car *persona* signifie à
proprement parler un masque de comédien. Or, nul
être humain ne se montre tel qu'il est, mais chacun
porte un masque et joue un rôle.

Toute la vie sociale est d'ailleurs une comédie perpétuelle. Cela la rend insipide pour les gens intelligents; tandis que les imbéciles y trouvent beaucoup
d'agrément.

Il nous arrive assez facilement de raconter des choses qui pourraient avoir pour nous des résultats dangereux; mais nous nous gardons bien de parler de ce qui pourrait nous rendre ridicules. C'est qu'ici l'effet suit de près la cause.

Une injustice subie déchaîne chez l'homme naturel une soif ardente de vengeance, et l'on a souvent répété que la vengeance est douce. Ceci est confirmé par les nombreux sacrifices faits simplement pour la goûter, et sans intention aucune d'obtenir une réparation. La perspective certaine d'une vengeance raffinée, imaginée à son heure suprême, adoucit pour le centaure Nessus l'amertume de la mort[1]. La même idée, présentée sous une forme plus moderne et plus plausible, fait le fond de la nouvelle de Bertolotti[2], *Les deux sœurs*, qui a été traduite en trois langues. Walter Scott exprime en paroles aussi justes qu'énergiques le penchant de l'homme à la vengeance : « *Revenge is*

----

1. Est-il bien nécessaire de rappeler que Nessus, en mourant de la flèche que lui avait lancée Hercule, donna à Déjanire, femme de ce héros, sa tunique comme un talisman qui devait lui ramener son époux, s'il devenait infidèle, et qui, empoisonnée, occasionna au fils de Jupiter des souffrances tellement atroces, qu'il y mit fin en se précipitant sur le bûcher qu'il avait préparé de ses propres mains sur le mont OEta?

(*Le trad.*)

2. Bertolotti (Davide), né à Milan, fut poète tragique et lyrique, nouvelliste, historien, biographe, auteur de guides de voyages, etc. Son activité littéraire s'étend de la fin de l'Empire au règne de Louis-Philippe. La nouvelle à laquelle fait allusion Schopenhauer a été traduite en français, sous ce titre : *L'Indienne, ou les funestes effets de la jalousie*, dans un petit volume de *Romans et nouvelles*, 1824, Paris, in-12.

(*Le trad.*)

the sweetest morsel to the mouth, that ever was coo-
ked in hell [1] ».

Je vais essayer maintenant d'expliquer psychologi-
quement la vengeance.

Toutes les souffrances qui nous sont imposées par
la nature, le hasard ou le destin, ne sont pas aussi
douloureuses, *cæteris paribus*, que celles qui nous sont
infligées par l'arbitraire des autres. Cela provient de
ce que nous regardons la nature et le destin comme les
maîtres originels du monde, et comprenons que les
coups qu'ils nous ont portés peuvent être également
portés à tout autre. Aussi, dans les cas de souffrances
dérivées de ces sources, déplorons-nous plus le sort
commun de l'humanité que notre propre sort. Au contraire, les souffrances infligées par l'arbitraire des
autres sont une addition amère, d'une nature toute
spéciale, à la douleur ou au tort causés : elles impli-
quent la conscience de la supériorité d'autrui, soit en
force, soit en ruse, vis-à-vis de notre faiblesse. Le tort
causé peut être réparé par un dédommagement, lorsque
celui-ci est possible ; mais cette addition amère : « Il
me faut subir cela de toi ! », souvent plus douloureuse
que le tort même, ne peut être neutralisée que par la
vengeance. En causant de notre côté du dommage, par
force ou par ruse, à celui qui nous a nui, nous montrons notre supériorité sur lui et annulons par là la
preuve de la sienne. Cela donne à l'âme la satisfaction
à laquelle elle aspirait. En conséquence, là où il y a
beaucoup d'orgueil ou de vanité, il y aura une ardente

---

1. « La vengeance est pour la bouche le plus suave morceau
qui ait jamais été cuit en enfer ».

soif de vengeance. Mais chaque désir accompli occasionne plus ou moins de désillusion, et cela est vrai aussi de la vengeance. Le plaisir que nous en attendions nous est le plus souvent empoisonné par la pitié. Oui, la vengeance qu'on a exercée déchirera ensuite fréquemment le cœur et torturera la conscience. Son motif n'agissait plus, et nous restons en face du témoignage de notre méchanceté.

La souffrance du désir inaccompli est faible, comparée à celle du repentir. Car celle-là a devant elle l'avenir toujours ouvert et incommensurable; celle-ci, le passé irrévocablement fermé.

La patience — *patientia* en latin, mais particulièrement le *sufrimiento* espagnol — vient du mot souffrir; elle indique par conséquent passivité, le contraire de l'activité de l'esprit, avec laquelle, lorsque celle-ci est grande, elle est difficilement compatible. La patience est la vertu innée des flegmatiques, comme celle des gens dont l'esprit est indolent ou pauvre, et des femmes. Que néanmoins elle soit si utile et si nécessaire, cela indique que le monde est tristement fait.

L'argent est la félicité humaine *in abstracto*; de sorte que celui qui n'est plus capable d'en jouir *in concreto*, lui donne tout son cœur.

La base de l'entêtement, c'est que la volonté s'est imposée au lieu de la connaissance.

La morosité et la mélancolie sont fort éloignées l'une de l'autre. Il y a beaucoup moins loin de la galeté à la mélancolie, que de la morosité à celle-ci.

La mélancolie attire; la morosité repousse.

L'hypocondrie ne nous torture pas seulement sans raisons au sujet des choses présentes; elle ne nous remplit pas seulement d'une angoisse sans motifs au sujet de malheurs imaginaires dans l'avenir; elle nous tourmente encore par des reproches immérités sur nos actions dans le passé.

L'effet le plus direct de l'hypocondrie, c'est de rechercher constamment des motifs d'irritation ou de tourment. La cause en est une dépression morbide intérieure, à laquelle se joint souvent un trouble intérieur qui provient du tempérament. Quand tous deux atteignent le plus haut degré, le résultat est le suicide.

J'ai cité, dans mon chapitre sur l'*Éthique*, ce vers de Juvénal :

Quantulacunque adeo est occasio, sufficit irœ [1].

Je vais l'expliquer plus en détail.

La colère provoque immédiatement un mirage consistant en un agrandissement monstrueux et en une distorsion non moins monstrueuse de la cause qui lui a donné naissance. Or, ce mirage à son tour accroît la colère, et, en vertu de cette colère accrue, s'agrandit encore lui-même. Ainsi s'augmente continuellement l'action réciproque, jusqu'à ce qu'elle aboutisse au *furor brevis*.

Les personnes vives, dès qu'elles commencent à

---

1. Voir plus haut, page 37.

s'irriter, devraient chercher à prendre sur elles de pré-
venir cette « fureur brève », de façon à n'y plus penser
pour le moment. Si, en effet, la chose leur revient à
l'esprit une heure après, elle sera loin de leur paraître
aussi grave, et bientôt peut-être ils l'envisageront
comme insignifiante.

La haine concerne le cœur; le mépris, la tête. Le
« moi » n'a aucun des deux en son pouvoir. Son cœur
est immuable et est mû par des motifs, et sa tête juge
d'après des règles invariables et des faits objectifs. Le
« moi » est simplement l'union de ce cœur avec cette
tête, le ζεῦγμα.

Haine et mépris sont en antagonisme décidé et s'ex-
cluent. Mainte haine n'a même d'autre source que
le respect qu'on ressent pour les mérites d'autrui.
D'autre part, si l'on voulait haïr tous les misérables
coquins, on aurait fort à faire. On peut les haïr à son
aise en bloc. Le véritable mépris, qui est l'envers du
véritable orgueil, reste absolument secret et ne laisse
rien apparaître. Celui qui laisse apparaître son mépris
donne en effet déjà par là une marque de quelque
estime, en voulant faire savoir à l'autre le peu de cas
qu'il fait de lui; il trahit ainsi de la haine, qui exclut le
mépris et l'affecte simplement. Le véritable mépris, au
contraire, est la pure conviction du manque de valeur
de l'autre; il est compatible avec les égards et les mé-
nagements, par lesquels on évite, pour son propre
repos et pour sa propre sécurité, d'exaspérer celui
qu'on méprise; car tout individu peut vous nuire. Mais
que ce pur mépris froid et sincère vienne une fois à se
manifester, il y sera répondu par la haine la plus san-

glante, vu l'impossibilité où est l'individu méprisé d'y faire la même réponse.

Chaque événement qui nous transporte dans un état d'esprit désagréable, y produira, même s'il est très insignifiant, un contre-coup qui, tant qu'il dure, est préjudiciable à la conception claire et objective des choses et des circonstances. Toutes nos idées en subissent l'action, de même qu'un objet très petit, mis directement sous nos yeux, limite et dénature notre champ visuel.

Ce qui rend les hommes durs de cœur, c'est que chacun croit avoir assez à supporter avec ses propres peines, ou du moins se l'imagine. Aussi un état de bonheur inaccoutumé a-t-il pour effet de développer chez la plupart des êtres humains des sentiments de sympathie et de bienfaisance. Mais un état de bonheur durable, qui a toujours existé, produit souvent l'effet contraire. Il les rend si étrangers à la souffrance, qu'ils ne peuvent plus y prendre part. De là vient que les pauvres se montrent parfois plus secourables que les riches.

Ce qui, d'autre part, rend les hommes si curieux, comme nous le voyons à la façon dont ils épient et espionnent les actions des autres, c'est le pôle de la vie opposé à la souffrance, — l'ennui; quoique l'envie contribue souvent aussi à cette curiosité.

Celui qui veut se rendre compte de ses sentiments sincères envers une personne, n'a qu'à prendre garde à l'impression qu'une lettre de cette personne, arrivée tout à coup par la poste, produit sur lui à première vue.

Il semble parfois que nous voulons et ne voulons pas
en même temps quelque chose, et qu'en conséquence
nous nous réjouissons et nous attristons en même
temps du même événement. Si nous devons, par exemple, subir sur n'importe quel terrain une épreuve décisive de laquelle il est très important pour nous de sor-
tir victorieux, nous souhaitons et nous redoutons en
même temps le moment de sa venue. Apprenons-nous,
tandis que nous l'attendons, que ce moment est ajourné,
cela nous réjouira et nous affligera à la fois; car la
chose, d'une part, contrarie nos vues, et, de l'autre,
nous soulage un instant. Il en est de même quand
nous attendons une lettre importante, décisive, qui ne
vient pas.

En pareil cas, deux motifs différents agissent en réalité sur nous : un plus fort, mais éloigné, — le désir
de soutenir l'épreuve, d'arriver à une solution; et un
plus faible, mais rapproché, — le désir d'être laissé
pour l'instant en repos, et conséquemment en jouissance ultérieure de l'avantage que l'état d'incertitude
bercée d'espoir a sur l'issue malheureuse possible. Il se
produit donc ici au moral ce qui se produit au physique,
quand, dans notre champ visuel, un objet petit, mais
rapproché, couvre un objet plus grand, mais éloigné.

La raison aussi a droit à être qualifiée de prophète :
elle nous présente en effet l'avenir, comme résultat et
effet de notre conduite actuelle. Elle se prête donc par
là à nous tenir en bride, quand les appétits de la volupté, les transports de la colère ou les incitations de
la cupidité veulent nous induire à des actes que nous
regretterions plus tard.

Le cours et les événements de notre vie individuelle peuvent être comparés, quant à leur sens et à leur connexion véritables, à une mosaïque grossière. Tant qu'on la regarde de tout près, on ne reconnaît pas très bien les objets représentés et l'on ne se rend compte ni de leur importance ni de leur beauté; ce n'est qu'à quelque distance que l'une et l'autre apparaissent. De même, nous ne comprenons souvent la véritable connexion des événements importants de notre propre vie ni pendant qu'ils se déroulent, ni un peu plus tard, mais seulement assez longtemps après.

En est-il ainsi parce que nous avons besoin des verres grossissants de l'imagination? ou parce que l'ensemble ne se laisse saisir que de loin? ou parce que les passions doivent être refroidies? ou parce que l'école de l'expérience mûrit seule notre jugement? — Peut-être pour toutes ces raisons à la fois. Ce qui est certain, c'est que la véritable lumière ne se fait souvent dans notre esprit sur les actions des autres, parfois même sur les nôtres, qu'après de nombreuses années. Et ce qui se passe en notre vie se passe aussi dans l'histoire.

Il en est de l'état du bonheur humain comme le plus souvent de certains groupes d'arbres. Vus de loin, ils paraissent admirables; les examine-t-on de tout près, cette beauté disparaît. On ne sait pas ce qu'elle est devenue, et l'on se trouve entre des arbres. Voilà d'où vient que nous envions si souvent la situation d'autrui.

Pourquoi, en dépit de tous les miroirs, ne connaissons-nous pas exactement notre figure, et ne pouvons-

nous représenter à notre imagination notre propre personne, comme nous faisons pour toute personne connue? Une difficulté qui s'oppose, dès le premier pas, au
γνῶθι σεαυτόν (connais-toi toi-même).

Cela provient incontestablement en partie de ce qu'on
ne se voit jamais dans le miroir que le regard droit et
immobile, ce qui fait que le jeu si important des yeux,
et avec lui la véritable caractéristique de la face, sont
à peu près complètement perdus. A cette impossibilité
physique semble aussi se joindre une impossibilité
éthique de nature analogue. On ne peut jeter sur sa
propre image, dans un miroir, un regard *étranger*,
condition nécessaire pour se voir soi-même *objective-*
ment. Ce regard repose en effet, en dernière analyse,
sur l'égoïsme moral, avec son « non moi » profondément senti ; et ceux-ci sont indispensables pour percevoir au point de vue purement objectif et sans défalca-
tion toutes les défectuosités, ce qui seul laisse apparaître le tableau fidèle et vrai. Au lieu de cela, l'égoïsme
en question nous murmure constamment, à l'aspect de
notre propre personne dans le miroir : « Ce n'est pas
un autre, mais moi-même », qui a l'effet préventif d'un
noli me tangere, et met obstacle à la vue purement
objective, qui ne paraît pas possible sans un grain de
malice.

Personne ne sait quelles forces il porte en lui pour
souffrir et pour agir, tant qu'une occasion ne vient pas
les mettre en jeu. C'est ainsi qu'on ne voit pas avec
quelle impétuosité et quel vacarme l'eau tranquille et
unie de l'étang se précipite soudainement du rocher,
ou comme elle est capable de jaillir en haut sous forme

de fontaine; ni qu'on ne soupçonne la chaleur latente dans l'eau glacée.

L'existence inconsciente n'a de réalité que pour les autres êtres dans la conscience desquels elle se représente ; la réalité directe résulte de la conscience propre. Par conséquent, l'existence individuelle réelle de l'homme réside avant tout dans sa conscience. Celle-ci, comme telle, est nécessairement une conscience représentante, qui résulte de l'intellect, de la sphère et de la matière de l'activité de celui-ci. Les degrés de clarté de la conscience, par conséquent de réflexion, peuvent donc être envisagés comme les degrés de réalité de l'existence. Or, ces degrés de réflexion, ou de conscience claire de sa propre existence et de celle d'autrui, sont peut-être, dans la race humaine elle-même, émoussés de nombreuses façons, selon la mesure des forces intellectuelles naturelles, du développement de celles-ci, et des loisirs réservés à la pensée.

Quant à la diversité réelle et primordiale des forces intellectuelles, il est assez difficile d'établir entre elles une comparaison, tant qu'on les considère dans leur ensemble et qu'on ne les examine pas en détail ; car cette diversité ne peut être embrassée de loin, et elle n'est pas non plus aussi distincte extérieurement que les différences de développement, de loisir et d'occupation. Mais, pour s'en tenir à celles-ci, il faut avouer que tel homme a un degré d'existence au moins décuple de celle d'un autre, qu'il vit dix fois autant.

Je ne parlerai pas ici des sauvages, dont l'existence n'est souvent que d'un degré supérieur à celle des singes qui vivent sur leurs arbres ; mais que l'on exa-

mine seulement le cours de la vie d'un portefaix de
Naples ou de Venise. (Dans le Nord, la préoccupation
de l'hiver rend déjà l'homme plus réfléchi et plus
sérieux). Harcelé par le besoin, porté par sa propre
force, pourvoyant par le travail aux nécessités du jour,
même de l'heure, beaucoup de fatigues, agitation constante, misères infinies, nul souci du lendemain, repos
bienfaisant succédant à l'épuisement, querelles fréquentes avec les autres, pas un instant pour penser,
jouissance sensuelle dans les climats doux et avec une
nourriture supportable, et, pour finir, comme élément
métaphysique, une couche d'épaisse superstition religieuse : en résumé, donc, un genre de vie passablement émoussé sous le rapport conscient. Ce rêve agité
et confus constitue l'existence de nombreux millions
d'êtres humains. Ils *connaissent* uniquement en vue de
leur *volonté* présente ; ils ne réfléchissent pas à la connexion de leur existence, à plus forte raison à celle de
l'existence même ; ils sont en quelque sorte là sans vraiment s'en apercevoir. Aussi l'existence du prolétaire
dont la vie s'écoule sans penser, ou celle de l'esclave,
se rapproche-t-elle déjà beaucoup plus que la nôtre de
celle de l'animal qui est limité tout entier au présent ;
mais, pour cette raison même, elle est moins douloureuse. Oui, toute jouissance, en vertu de sa nature, étant
négative, c'est-à-dire consistant dans l'affranchissement
d'un besoin ou d'une peine, la succession alternative et
rapide des misères actuelles, avec leur terminaison,
qui accompagne constamment le travail du prolétaire
et s'affirme en dernier lieu par le repos et la satisfaction des besoins de celui-ci, est une source perpétuelle
de jouissance, dont porte témoignage certain la gaieté

qui se lit infiniment plus fréquemment sur le visage des pauvres que sur celui des riches.

Examinez ensuite le marchand sensé, réfléchi, qui passe sa vie à spéculer, exécute avec prudence des projets très audacieux, fonde sa maison, pourvoit aux besoins de sa femme, de ses enfants et de ses descendants, et prend aussi une part active à la chose publique : il est manifestement beaucoup plus conscient que le précédent, c'est-à-dire que son existence a un plus haut degré de réalité.

Puis voyez l'érudit, qui étudie, par exemple, l'histoire du passé. Celui-ci est déjà pleinement conscient de l'existence, il s'élève au-dessus du temps où il vit, au-dessus de sa propre personne : il médite sur le cours des choses de ce monde.

Et finalement le poète, ou même le philosophe, chez lequel la réflexion a atteint le degré où, non satisfait de scruter un phénomène quelconque de l'existence, il s'arrête étonné devant l'existence même, devant ce formidable sphinx, et la prend pour sujet de son problème. La conscience a grandi en lui jusqu'au degré de clarté où elle est devenue conscience universelle ; la représentation s'est ainsi mise chez lui, en dehors de tout rapport, au service de la volonté, et offre à son esprit un monde dont l'activité sollicite bien plutôt son enquête et son examen que sa sympathie. Et si les degrés de la conscience sont les degrés de la réalité, la phrase par laquelle nous nommerons un tel homme « l'être le plus réel de tous », aura un sens et une signification.

Entre les extrêmes esquissés ici, avec les points intermédiaires, on pourra assigner à chacun sa place.

Ce vers d'Ovide :

Pronaque cum spectent animalia cetera terram [1],

ne s'applique en réalité, au sens physique, qu'aux animaux ; mais, au sens figuré et intellectuel, il s'applique
malheureusement aussi à la plupart des hommes.
Toutes leurs idées, pensées et aspirations sont tendues
vers la jouissance et le bien-être matériels, ou vers
l'intérêt personnel, dont la sphère renferme toutes
sortes de choses qui ne tirent leur importance que de
leurs rapports avec celui-ci ; ils ne s'élèvent pas plus
haut. C'est ce que témoignent non seulement leur manière de vivre et leur conversation, mais leur seul
aspect, leur physionomie et son expression, leur tour-
nure, leurs gestes. Tout chez eux crie : *in terram prona !*
Ce n'est donc pas à eux, mais seulement aux natures
nobles et bien douées, aux hommes qui pensent et
s'interrogent véritablement, qui apparaissent comme
des exceptions parmi leur race, que s'appliquent les
vers suivants :

Os homini sublime dedit, cœlumque tueri
Jussit, et erectos ad sidera tollere vultus [2].

Pourquoi le mot « commun » est-il une expression
de mépris ? les mots « non commun », « extraordinaire », « distingué », des expressions d'approbation ?

1. « Tandis que les autres animaux ont la face courbée vers
la terre... »

2. « ... (Le fils de Japhet) donna à l'homme un front élevé, lui
ordonna de contempler les cieux et de lever ses regards vers les
astres ».

Ovide, *Métamorphoses*, livre I, chap. 1er.

Pourquoi tout ce qui est commun est-il méprisable ?

« Commun » signifie originellement ce qui est propre et commun à toute l'espèce, c'est-à-dire ce qui est
inné en elle. Voilà pourquoi celui qui n'a pas d'autres
qualités que celles de l'espèce humaine, est un « homme commun ». « Homme ordinaire » est une expression
beaucoup plus douce et qui concerne davantage l'in-
tellectualité, tandis qu' « homme commun » concerne
plutôt le moral.

Quelle valeur peut bien avoir un être qui n'est rien
de plus que des millions de son espèce ? Des millions ?
Bien plutôt une infinité, un nombre incommensurable
d'êtres que la nature fait jaillir éternellement, *in sœcula
sœculorum*, de sa source intarissable, avec la prodigalité du forgeron dont le marteau fait voler de toutes
parts des étincelles.

Il devient même évident qu'un être qui n'a pas d'autres qualités que celles de l'espèce, n'a pas non plus de
droits à une autre existence qu'à celle de l'espèce et
qui est conditionnée par elle.

J'ai expliqué plus d'une fois que, tandis que les animaux ont seulement le caractère générique, l'homme,
lui seul, a le caractère individuel proprement dit. Néanmoins, chez le plus grand nombre, il n'y a en réalité
qu'une petite part d'individualité ; ils se laissent presque tous classifier. Ce sont des espèces[1]. Leur volonté
et leur penser, comme leurs physionomies, sont ceux
de l'espèce entière, en tout cas de la classe d'hommes
à laquelle ils appartiennent, et voilà pourquoi tout cela
est trivial, banal, commun, tiré à des milliers d'exem-

1. En français dans le texte.

plaires. On peut prévoir aussi à l'avance, en général,
ce qu'ils diront et feront. Ils n'ont pas d'empreinte propre : c'est une marchandise de fabrique.

De même que leur être, leur existence aussi ne doit-
elle pas être absorbée dans celle de l'espèce ? La malédiction du caractère commun rabaisse l'homme, sous ce
rapport, au niveau de l'animal.

Il va de soi que tout ce qui est élevé, grand, noble
par nature, restera à l'état isolé dans un monde où l'on
n'a pu trouver, pour désigner ce qui est bas et méprisable, une expression meilleure que celle indiquée
par moi comme généralement employée : « commun ».

La volonté, comme la chose en soi, est la matière
commune de tous les êtres, l'élément courant des
choses ; nous la possédons par conséquent en commun
avec tous les hommes et avec chacun, même avec les
animaux, et à un degré plus bas encore. En elle, à ce
point de vue, nous sommes donc égaux à chacun ; car
toute chose prise dans son ensemble ou en détail, est
emplie de volonté et en déborde. Par contre, ce qui
élève un être au-dessus d'un être, un homme au-dessus
d'un homme, c'est la connaissance. Aussi elle seule,
autant que possible, devrait-elle apparaître dans nos
manifestations. Car la volonté, propriété absolument
commune à tous, est aussi « le commun ». Toute
affirmation violente de sa part est en conséquence
« commune ». Elle nous rabaisse jusqu'à n'être qu'un
exemplaire de l'espèce, car nous ne montrons ensuite
que le caractère de celle-ci. Il convient donc d'appliquer
le mot « commun » à la colère, à la joie démesurée, à
la haine, à la crainte, bref, à tout affect, c'est-à-dire à

tout mouvement de la volonté qui devient assez fort
pour faire prédominer incontestablement la connaissance dans la conscience, et faire apparaître l'homme
plus comme un être voulant que comme un être connaissant. Livré à un tel affect, le plus grand génie
devient semblable au fils le plus vulgaire de la terre.
Celui, au contraire, qui veut être « non commun »,
c'est-à-dire grand, ne doit jamais laisser les mouvements de la volonté s'emparer complètement de sa
conscience, quelque sollicitation qu'il éprouve à ce
sujet. Il lui faut, par exemple, pouvoir entendre les
autres émettre leurs opinions détestables, sans qu'il
sente les siennes atteintes par ce fait. Oui, il n'y a pas
de marque plus assurée de grandeur que de laisser
émettre, sans y attacher d'importance, des propos bles-
sants ou offensants, qu'on impute tout bonnement,
comme quantité d'autres erreurs, à la débile *connaissance* du discoureur, et que l'on se contente de percevoir, sans qu'ils vous touchent. C'est en ce sens qu'il
faut entendre ce mot de Gracian : « *El mayor desdoro
de un hombre es dar muestras de que es hombre* »[1].

Conformément à ce qui vient d'être dit, on doit
cacher sa volonté, comme ses parties génitales, quoique l'une et les autres soient la racine de notre être.
On ne doit laisser voir que la connaissance, comme
son visage, sous-peine de devenir commun.

Même dans le drame, qui a proprement pour thème
les passions et les affects, tous deux produisent facilement une impression commune. C'est ce que l'on

---

1. « La plus grande honte pour un homme est de donner des
preuves qu'il est homme ».
(Voir, sur Gracian, *Ecrivains et style*, note de la page 153).

constate tout spécialement chez les tragiques français,
qui ne se proposent pas de but plus élevé que la représentation des passions, ét cherchent à dissimuler la
banalité du fait tantôt derrière un pathos ridiculement
enflé, tantôt derrière des pointes épigrammatiques. La
célèbre Mlle Rachel, dans le rôle de Marie Stuart [1],
quand elle invectiva la reine Elizabeth, me fit songer,
si excellent que fût son jeu, à une harengère. La
scène finale des adieux perdit aussi, interprétée par
elle, tout ce qu'elle a de sublime, c'est-à-dire de vraiment tragique, chose dont les Français n'ont aucune
idée. Ce même rôle fut mieux tenu, sans aucune
comparaison, par l'Italienne Ristori. C'est qu'Italiens
et Allemands, en dépit de grandes différences sous
beaucoup de rapports, ont le même sentiment pour ce
qu'il y a d'*intime*, de sérieux et de vrai dans l'art,
et contrastent sur ce point avec les Français, qui sont
absolument dénués de ce sentiment : lacune qu'ils
trahissent en tout. La noblesse, c'est-à-dire le « non
commun », voire le sublime, est aussi introduite
dans le drame, avant tout par la connaissance, en
opposition à la volonté. La connaissance plane en effet
librement sur tous ces mouvements de la volonté et les
prend même pour matière de ses considérations,
comme le fait voir particulièrement Shakespeare, surtout dans *Hamlet*. Et, quand la connaissance s'élève
au point où disparaît pour elle l'inutilité de toute
volonté et de tout effort, par suite de quoi la volonté
s'abolit elle-même, alors seulement le drame devient

---

1. Dans la tragédie de Schiller, ou peut-être dans l'imitation
qu'en a donnée Pierre Lebrun.

(*Le trad.*

vraiment tragique, par conséquent véritablement
sublime, et atteint son but suprême.

Selon que l'énergie de l'intellect est tendue ou relâ-
chée, la vie apparaît à celui-ci toute différente. Dans
le dernier cas, elle apparaît si courte, si fugitive, que
rien de ce qui y advient ne mérite de nous émouvoir,
et que tout semble sans importance, même le plaisir,
la richesse, la gloire; tellement sans importance, que,
quelque perte qu'on ait subie, il n'est pas possible
qu'on ait beaucoup perdu. Dans le premier cas, à
l'opposé, la vie apparaît si longue, si importante, tellement *tout en tout*, si sérieuse et si difficile, que nous
nous élançons sur elle de toute notre âme, pour participer à ses bienfaits, disputer ses récompenses et nous
les assurer, et exécuter nos projets. Ce second point
de vue est celui qu'on nomme immanent; c'est celui
auquel songe Gracian, quand il parle de *tomar muy
de veras el vivir* [1]. Le premier point de vue, au contraire, le point de vue transcendant, est le mot
d'Ovide : *non est tanti* [2]. L'expression est bonne, et
celle-ci, de Platon, est encore meilleure : οὐδὲ τι τῶν
ἀνθρωπίνων ἄξιον ἐστι μεγάλης σπουδῆς [3].

La première disposition d'esprit résulte de ce que la
connaissance a pris la suprématie dans la conscience,
où, s'affranchissant du pur service de la volonté, elle
saisit objectivement le phénomène de la vie, et ne peut
manquer alors de voir clairement la futilité et le néant

1. « Prendre très au sérieux la vie ».
2. « Cela n'a pas grande importance ».
3. « Rien, dans les choses humaines, ne mérite qu'on se tra-
casse beaucoup ».

de celle-ci. Dans la seconde disposition, par contre, la volonté prédomine, et la connaissance n'est là que pour éclairer les objets de la volonté et leurs voies. L'homme est grand, ou petit, selon que prédomine chez lui l'une ou l'autre manière d'envisager la vie.

Chacun tient le bout de son champ d'observation pour le bout du monde. Ceci est aussi inévitable dans le domaine intellectuel, qu'au point de vue physique l'illusion qu'à l'horizon le ciel touche la terre. Mais une des conséquences de ce fait, c'est que chacun nous jauge avec sa mesure, qui le plus souvent n'est qu'une aune de tailleur, et que nous devons en passer par là; comme aussi chacun nous prête sa petitesse, fiction qui est admise une fois pour toutes.

Il y a quelques idées qui existent très rarement d'une façon claire et déterminée dans une tête, et ne prolongent leur existence que par leur nom; celui-ci n'indique en réalité que la place d'une telle idée, et, sans lui, elles se perdraient à tout jamais. L'idée de sagesse, par exemple, est de ce genre. Combien elle est vague dans presque toutes les têtes! On peut se référer sur ce point aux explications des philosophes.

La « sagesse » me paraît indiquer non seulement la perfection théorique, mais aussi la perfection pratique. Je la définirais : la connaissance exacte et accomplie des choses, dans l'ensemble et en général, qui a si complètement pénétré l'homme, qu'elle se manifeste aussi dans sa conduite, dont elle est la règle en toute circonstance.

Tout ce qui est primordial, et par conséquent authentique dans l'homme, agit comme tel, de même que les forces naturelles, inconsciemment. Ce qui a pénétré par la conscience y est devenu une représentation; par suite, la manifestation de cette conscience est en une certaine mesure la communication d'une représentation. En conséquence, toutes les qualités vraies et éprouvées du caractère et de l'esprit sont originellement inconscientes, et ce n'est que comme telles qu'elles produisent une profonde impression. Tout ce qui, sous ce rapport, est conscient, est déjà corrigé et voulu, dégénère par conséquent déjà en affectation, c'est-à-dire est une tromperie. Ce que l'homme accomplit inconsciemment ne lui coûte aucune peine, et aucune peine ne peut y suppléer. C'est là le caractère des conceptions originelles qui constituent le fond et le noyau de toutes les créations véritables. Voilà pourquoi ce qui est inné est seul authentique et valable. Ceux qui veulent faire quelque chose doivent, en tout ordre d'idées, action, littérature, art, suivre les règles sans les connaître.

Il est certain que mainte personne n'est redevable du bonheur de sa vie qu'à ce qu'elle possède un sourire agréable, qui lui conquiert les cœurs. Cependant ceux-ci feraient mieux de se tenir sur leurs gardes, et de se rappeler, d'après la table mnémonique d'Hamlet, *that one may smile, and smile, and be a villain*[1].

Les gens pourvus de grandes et brillantes qualités

1. « On peut sourire, sourire encore, et être un coquin ».

ne font guère difficulté d'avouer leurs défauts et leurs faiblesses, ou de les laisser voir. Ils les considèrent comme une chose qu'ils ont payée, ou sont même d'avis que ces faiblesses leur font moins honte qu'eux-mêmes ne leur font honneur. C'est particulièrement le cas, quand ces défauts sont inséparables de leurs éminentes qualités, qu'ils en sont des *conditiones sine quibus non.* Comme l'a dit George Sand, « chacun a les défauts de ses vertus [1] ».

Par contre, il y a des gens de bon caractère et de tête irréprochable qui, loin d'avouer leurs rares et petites faiblesses, les cachent soigneusement, et se montrent très susceptibles à toute allusion à leur sujet. La raison en est que, tout leur mérite consistant en l'absence de défauts et d'imperfections, ils se sentent amoindris par la révélation de chaque défectuosité.

La modestie, chez les gens médiocres, est simplement de l'honnêteté; chez les gens brillamment doués, elle est de l'hypocrisie. Aussi le sentiment avoué et la conscience non dissimulée de leur talent exceptionnel siéent-ils autant à ceux-ci que la modestie sied à ceux-là. Valère-Maxime cite à ce sujet d'intéressants exemples, sous sa rubrique : *De fiducia sui* [2].

---

1. En français dans le texte.

2. *Valerii Maximi Dictorum Factorumque memorabilium libri IX.* C'est au chap. vii du livre III que se trouvent ces exemples, qui mettent en scène les Scipions, Licinius, Crassus, Caton l'ancien, l'orateur Antoine, le poète Accius, et beaucoup d'autres, Romains et Grecs.

(*Le trad.*)

Même en aptitude au dressage, l'homme dépasse tous les animaux. Les musulmans sont dressés à prier cinq fois par jour, le visage tourné vers La Mecque; ils le font invariablement. Les chrétiens sont dressés à faire en certaines occasions le signe de la croix, à s'incliner, etc. La religion, en somme, est le chef-d'œuvre par excellence du dressage, le dressage de la pensée; or, on sait que, dans cette voie, on ne peut jamais commencer trop tôt. Il n'est pas d'absurdité si évidente qu'on ne pourrait faire entrer dans la tête de tous les hommes, si l'on commençait à la leur inculquer avant leur sixième année, en la leur répétant constamment et sur un ton convaincu. Le dressage de l'homme, comme celui des animaux, ne réussit parfaitement que dans la première jeunesse.

Les nobles sont dressés à ne tenir pour sacrée que leur parole d'honneur, à croire en tout sérieux et en toute rigueur au code grotesque de l'honneur chevaleresque, à le sceller, le cas échéant, par leur mort, et à considérer le roi comme véritablement un être d'espèce supérieure. Nos témoignages de politesse et nos compliments, particulièrement nos attentions respectueuses envers les dames, reposent sur le dressage; de même, notre estime pour la naissance, la situation, les titres; de même aussi le déplaisir que nous font éprouver, suivant leur nature, certaines assertions dirigées contre nous. Les Anglais sont dressés à considérer comme un crime digne de mort l'imputation de manque de gentilhommerie et plus encore celle de mensonge; les Français, celle de lâcheté; les Allemands, celle de sottise; et ainsi de suite. Beaucoup de gens sont dressés à une honnêteté invariable en une

chose, tandis que dans toutes les autres ils n'en montrent pas beaucoup. Ainsi, bon nombre ne volent pas
d'argent, mais dérobent tout ce qui peut leur procurer
indirectement une satisfaction. Maint marchand trompe
sans scrupules ; mais voler, c'est ce qu'il ne ferait certainement pas.

Le médecin voit l'homme dans toute sa faiblesse ; le
juriste, dans toute sa méchanceté ; le théologien, dans
toute sa sottise.

Il y a dans ma tête un parti d'opposition constant
qui s'élève après coup contre tout ce que j'ai fait ou
résolu, même à la suite de sérieuses réflexions, sans
néanmoins avoir pour cela chaque fois raison. Ce parti
d'opposition n'est probablement qu'une forme de l'esprit d'examen susceptible de rectification, mais il
m'adresse souvent des reproches immérités. Je soupçonne que plus d'un autre est aussi dans le même cas ;
quel est celui qui ne doit pas se dire, en effet :

> ... Quid tam dextro pede concipis, ut te
> Conatus non pœniteat, votique peracti [1] ?

Celui-là a beaucoup d'imagination, dont l'activité
cérébrale intuitive est assez forte pour n'avoir pas
besoin chaque fois de l'excitation des sens, en vue
d'agir.

Conformément à ce principe, l'imagination est d'autant plus active que les sens nous apportent moins

---

1. « Quel projet conçois-tu d'une façon si heureuse, que tu ne
te repentes de ton effort et de la réussite de ton désir ? »
                          Juvénal, *Satire X*, vers 5-6.

d'intuition extérieure. Un long isolement (soit en prison, soit dans une chambre où vous retient la maladie), le silence, le crépuscule, l'obscurité sont favorables à son activité; sous l'influence de ces conditions, elle se met spontanément en jeu. A l'opposé, quand l'intuition reçoit beaucoup de matière réelle du dehors, comme en voyage, dans le tumulte du monde, par une claire matinée, l'imagination chôme, et, même sollicitée, n'entre pas en activité; elle se rend compte que ce n'est pas son heure.

Cependant l'imagination doit, pour se montrer féconde, avoir reçu beaucoup de matière du monde extérieur; lui seul, en effet, peut l'approvisionner. Mais il en est de la nourriture de l'imagination comme de celle du corps : quand celui-ci a reçu du dehors beaucoup de nourriture qu'il doit digérer, c'est alors qu'il devient le plus incapable d'activité, et chôme volontiers. C'est pourtant cette nourriture, à laquelle il est redevable de toutes ses forces, qu'il sécrète plus tard, quand le moment est venu.

L'opinion obéit à la loi du balancement du pendule : si elle dépasse le centre de gravité d'un côté, elle doit le dépasser d'autant de l'autre. Ce n'est qu'avec le temps qu'elle trouve le vrai point de repos et demeure stationnaire.

L'éloignement, dans l'espace, rapetisse toute chose, en la contractant; ainsi ses défauts et ses lacunes disparaissent, comme, dans une glace rapetissante ou dans la chambre obscure, tout se montre beaucoup plus beau que dans la réalité. Le passé agit de même dans le temps. Les scènes et les événements reculés, avec leurs acteurs, se présentent au souvenir sous l'aspect le plus aimable, car ils ont perdu ce qu'ils avaient d'irréel et de troublant. Le présent, qui est privé de cet avantage, est toujours défectueux.

Et, dans l'espace, de petits objets, vus de près, paraissent grands; vus de très près, ils couvrent même tout le champ de notre vision; mais, dès que nous nous éloignons un peu, ils deviennent petits et invisibles. De même, dans le temps, les petits événements et accidents quotidiens de notre vie, tant qu'ils sont là devant nous, nous paraissent grands, importants, considérables, et excitent en conséquence nos affects : soucis, ennuis, passions; mais dès que l'infatigable torrent du temps les a seulement un peu éloignés de nous, ils deviennent insignifiants, sans importance, et sont bientôt oubliés. C'est leur seul rapprochement qui faisait leur grandeur.

La joie et la souffrance n'étant pas des représentations, mais des affections de la volonté, elles ne résident pas non plus dans le domaine de la mémoire, et nous ne pouvons pas les rappeler *elles-mêmes*, comme qui dirait les renouveler; ce sont seulement les *représentations* dont elles étaient accompagnées que nous pouvons faire repasser devant nos yeux, et surtout nous rappeler nos manifestations provoquées alors par elles, pour mesurer par là ce qu'elles ont été. Voilà pourquoi notre souvenir des joies et des souffrances est toujours incomplet, et que, une fois passées, elles nous sont indifférentes. Il est inutile de chercher parfois à rafraîchir les plaisirs ou les douleurs du passé. Leur essence proprement dite gît dans la volonté. Mais celle-ci, en soi et comme telle, n'a pas de mémoire, la mémoire étant une fonction de l'intellect qui, par sa nature, ne livre et ne renferme que de simples représentations : chose dont il ne s'agit pas ici. Il est étrange que, dans les mauvais jours, nous puissions nous représenter très vivement les jours heureux disparus; et que, par contre, dans les bons jours, nous ne nous retracions plus les mauvais que d'une façon très incomplète et effacée.

Il y a lieu de craindre, pour la mémoire, l'enchevêtrement et la confusion des choses apprises, mais non l'encombrement proprement dit. Ses facultés ne sont pas diminuées de ce fait, pas plus que les formes dans lesquelles on a modelé successivement la terre glaise ne diminuent l'aptitude de celle-ci à de nouvelles formes. En ce sens, la mémoire est sans fond. Cependant, plus un homme a de connaissances diverses, plus il lui faudra de temps pour trouver ce qu'on exige soudainement de lui. Il est comme un marchand qui doit rechercher dans un énorme magasin la marchandise qu'on lui demande; ou, à proprement parler, il a évaporé, parmi tant d'idées qui étaient à sa disposition, précisément celle qui, par suite d'un exercice antérieur, l'amène à la chose réclamée. La mémoire n'est pas en effet un récipient où l'on garde les objets, mais simplement une faculté servant à l'exercice des forces intellectuelles. Aussi le cerveau possède-t-il toutes ses connaissances seulement *potentiâ*, jamais *actu*. Je renvoie à ce sujet au § 45 de ma dissertation sur *La quadruple racine du principe de la raison suffisante.*

Parfois ma mémoire s'obstine à ne pas reproduire
un mot d'une langue étrangère, ou un nom, ou un
terme d'art que je connais pourtant très bien. Après
que je me suis plus ou moins longtemps inutilement
tourmenté à leur sujet, je ne m'en occupe plus. Puis,
au bout d'une heure ou deux, rarement davantage,
parfois cependant au bout de quatre à six semaines, le
mot cherché m'arrive si soudainement, au milieu d'un
courant d'idées tout autre, que je pourrais croire
qu'on vient de me le souffler du dehors. (Il est bon
ensuite de fixer ce mot par un moyen mnémonique,
jusqu'à ce qu'il s'imprime de nouveau dans la mémoire.) Après avoir fréquemment observé, en m'en
étonnant, ce phénomène depuis de longues années,
j'en suis arrivé à trouver vraisemblable l'explication
suivante : à la suite de la pénible recherche inutile, ma
volonté conserve la curiosité du mot et lui constitue
un surveillant dans l'intellect. Plus tard, quand, dans
le cours et le jeu de mes idées, se présente par hasard
un mot commençant par les mêmes lettres ou ressem-
blant à celui-là, le surveillant s'élance, complète le mot
cherché, dont il s'empare brusquement et qu'il ramène
en triomphe, sans que je sache où et comment il l'a
fait prisonnier; aussi semble-t-il avoir été murmuré.
C'est le cas de l'enfant qui ne peut pas prononcer un
vocable. Le maître finit par lui en indiquer la première
et même la seconde lettre, et le mot lui vient. Quand
ce procédé échoue, il faut bien chercher le mot méthodiquement, à travers toutes les lettres de l'alphabet.

Les images intuitives se fixent plus solidement dans
la mémoire que les simples notions. Aussi les cerveaux,

imaginatifs apprennent-ils plus facilement les langues que les autres. Ils associent immédiatement au mot nouveau l'image intuitive de la chose ; tandis que les autres y associent seulement le mot équivalent de leur propre langue.

On doit chercher à ramener autant que possible à une image intuitive ce qu'on veut incorporer à la mémoire, soit indirectement, ou comme exemple de la chose, ou comme simple comparaison, analogie, et n'importe quoi d'autre ; parce que tout ce qui est intuitif se fixe beaucoup plus solidement que ce qui n'est pensé qu'*in abstracto*, ou que les simples mots. Voilà pourquoi nous retenons si incomparablement mieux ce que nous avons fait que ce que nous avons lu.

Le nom *mnémonique* convient moins à l'art de transformer artificiellement la mémoire indirecte en mémoire directe, qu'à une théorie systématique de celle-ci, qui exposerait toutes ses particularités et les dériverait de sa nature essentielle, et ensuite les unes des autres.

On n'apprend que de temps en temps ; mais on désapprend toute la journée.

Notre mémoire ressemble à un crible qui, avec le temps et par l'usage, retient de moins en moins ce qu'on y met. Plus nous vieillissons, d'autant plus vite s'échappe de notre mémoire ce que nous lui confions désormais. Elle conserve au contraire ce qui s'y est fixé quand nous étions jeunes. Les souvenirs d'un vieillard sont donc d'autant plus nets qu'ils remontent plus loin, et le sont d'autant moins qu'ils se rapprochent davantage du présent ; de sorte que sa mémoire, comme sa vue, est devenue aussi presbyte (πρέσβυς).

Il y a dans la vie des moments où, sans cause extérieure particulière, plutôt par un accroissement de la sensibilité, venant de l'intérieur, et seulement explicable d'une manière physiologique, les choses ambiantes et le présent prennent un degré de clarté plus élevé et rare ; il résulte de là que ces moments restent gravés d'une façon indélébile dans la mémoire et se conservent dans toute leur individualité, sans que nous sachions pour quelle raison, ni pourquoi, parmi tant de milliers de moments semblables, ceux-là précisément s'imposent. C'est probablement par pur hasard, comme les exemplaires de races animales complètement disparues que contiennent les bancs de pierres, ou comme les insectes écrasés entre les pages d'un livre. Les souvenirs de cette espèce, ajoutons-le, sont toujours doux et agréables.

Il advient parfois, sans cause apparente, que des scènes depuis longtemps oubliées se présentent soudainement et vivement à notre souvenir. Cela peut provenir, en beaucoup de cas, de ce que nous venons de sentir, maintenant comme jadis, une légère odeur à peine perceptible. Les odeurs, on le sait, éveillent avec une facilité toute particulière le souvenir, et le *nexus idearum* n'a besoin en toute occasion que d'une incitation très faible. Soit dit en passant, l'œil est le sens de l'intelligence, l'oreille le sens de la raison, et l'odorat le sens de la mémoire, comme nous le voyons ici. Le toucher et le goût sont des réalistes attachés au contact, sans côté idéal.

La mémoire a aussi cette particularité, qu'une légère

ivresse renforce souvent beaucoup le souvenir des temps et des événements passés, de manière qu'on se rappelle toutes leurs circonstances plus complètement qu'on n'aurait pu le faire à l'état de sobriété. Par contre, le souvenir de ce que l'on a dit ou fait pendant l'ivresse même est plus incomplet qu'en temps ordinaire; après une forte ivresse, il n'existe même plus. L'ivresse renforce donc le souvenir, mais ne lui apporte qu'un faible aliment.

Ce qui prouve que l'arithmétique est la plus basse de toutes les activités intellectuelles, c'est qu'elle est la seule qui puisse être exercée aussi à l'aide d'une machine. On se sert déjà beaucoup, en Angleterre, par commodité, de machines à calculer. Or, toute *analysis finitorum et infinitorum* se ramène finalement au calcul. On peut mesurer d'après cela le « profond sens mathématique », qu'a déjà raillé Lichtenberg [1]. Il a dit en effet à ce sujet : « Les mathématiciens de profession, appuyés sur la naïveté enfantine des autres hommes, se sont acquis une réputation de profondeur qui a beaucoup de ressemblance avec celle de sainteté que s'arrogent les théologiens ».

En règle générale, les gens d'un très grand talent s'entendront mieux avec les hommes d'une intelligence extrêmement limitée, qu'avec ceux d'une intelligence ordinaire. C'est pour la même raison que le despote et

1. Spirituel écrivain et penseur allemand (1742-1799) que Schopenhauer aime à citer, et dont nous avons dit un mot dans la *Préface* d'*Ecrivains et style*, page 16.

(Le trad.)

la plèbe, les grands-parents et les petits-enfants sont des alliés naturels.

Les hommes ont besoin d'une activité extérieure, parce qu'ils sont dépourvus d'une activité intérieure. Mais quand celle-ci existe, celle-là produit plutôt une perturbation très désagréable, et même souvent exécrée. La première raison explique aussi l'agitation et la passion des voyages sans but des gens désœuvrés. Ce qui les chasse ainsi à travers le monde, c'est le même ennui qui, à la maison, les réunit et les presse en tas, d'une façon vraiment risible à voir.

Cette vérité me fut confirmée un jour d'une façon exquise par un inconnu d'une cinquantaine d'années, qui me parlait de son voyage de plaisir pendant deux ans dans les contrées étrangères les plus lointaines. Comme je remarquais qu'il avait dû subir à cette occasion de grandes fatigues, de grandes privations et de grands dangers, il me fit immédiatement et sans préambule, mais en avançant des enthymèmes, la réponse excessivement naïve que voici : « Je ne me suis pas ennuyé un seul instant ».

Je ne m'étonne pas qu'ils s'ennuient quand ils sont seuls : ils ne peuvent pas rire seuls, et même cela leur parait fou. Le rire ne serait-il donc qu'un signal pour les autres et un simple signe, comme le mot? Manque général d'imagination et de vivacité d'esprit (*dulness*, sottise, ἀναισθησία καὶ βραδύτης ψυχῆς (hébétude et lourdeur d'âme), comme dit Théophraste (*Caractères*, chap. xxvii), voilà ce qui les empêche de rire quand ils sont seuls. Les animaux ne rient ni seuls ni en société.

Un homme de cette espèce ayant surpris Myson le misanthrope à rire tout seul, lui demanda pourquoi il riait: « Précisément parce que je suis seul », répondit-il.

Celui qui, avec un tempérament flegmatique, n'est qu'un imbécile, serait un fou avec un tempérament sanguin.

Les gens qui ne vont pas au théâtre ressemblent à celui qui fait sa toilette sans miroir; mais celui-là agit plus mal encore, qui prend ses décisions sans recourir aux conseils d'un ami. Un homme peut avoir en effet en toutes choses le jugement le plus juste et le plus net, sauf dans ses propres affaires; car ici la volonté dérange aussitôt le concept de l'intellect. Voilà pourquoi il faut consulter les autres, pour la même raison qu'un médecin, qui soigne tout le monde, ne se soigne pas lui-même, et fait appeler un confrère.

La gesticulation naturelle ordinaire qui accompagne toute conversation vive, est une langue à soi, et beaucoup plus universelle que celle des mots; étant indépendante de ceux-ci, elle est la même chez toutes les nations, quoique chacune en fasse usage en proportion de sa vivacité. Il en est même quelques-unes, comme la nation italienne, par exemple, où elle s'augmente de certains gestes purement conventionnels qui n'ont par conséquent qu'une valeur locale.

L'usage universel de la gesticulation est analogue à celui de la logique et de la grammaire, car elle exprime simplement la forme, et non la matière de la conversation. Elle se distingue cependant de la logique et de la grammaire, en ce qu'elle se rapporte non seulement au

côté intellectuel, mais aussi au côté moral, c'est-à-dire
aux mouvements de la volonté. Elle accompagne ainsi
la conversation, comme une basse correctement progressive accompagne la mélodie, et sert, de même que
cette basse, à renforcer l'effet. Le caractère le plus
intéressant de la gesticulation, c'est que, dès que la
parole prend la même *forme*, il y a répétition des
mêmes gestes. Il en est ainsi, quelque différente que
puisse être la matière, c'est-à-dire la circonstance. De
sorte que je puis très bien comprendre la signification
générale, c'est-à-dire simplement formelle et typique
d'une conversation animée, en regardant par la fenêtre,
sans entendre un seul mot. Je sens infailliblement que
la personne qui parle, argumente, expose ses raisons,
puis les résume, insiste, tire une conclusion victo-
rieuse; ou bien elle rapporte quelque tort qu'on lui a
causé, dépeint au vif et sur un ton d'accusation la
dureté de cœur et la sottise de ses adversaires; ou
bien elle raconte comment elle a imaginé un plan
superbe dont elle décrit le succès, à moins qu'elle ne
se plaigne qu'au contraire ce plan n'ait pas réussi, par
la faute du hasard, ou qu'elle n'avoue son impuissance
dans le cas en question; ou bien enfin elle narre qu'elle
a vu clair à temps dans les machinations d'autrui, et,
en affirmant ses droits ou en usant de sa force, les a
déjouées et a puni leurs auteurs; et mille autres choses
semblables. Mais ce que la gesticulation seule m'apporte en réalité, c'est la matière essentielle — morale
ou intellectuelle — de la parole *in abstracto*. La quintessence, la vraie substance de celle-ci demeure identique au milieu des sujets les plus différents et aussi
de la matière la plus différente, et se comporte à l'égard

de celle-ci comme la notion à l'égard des individus.

Le côté le plus intéressant et le plus amusant de la chose est, comme il a été dit, la complète identité et stabilité des gestes pour dépeindre les mêmes circonstances, même si ces gestes sont employés par les personnes les plus différentes ; juste comme les mots d'une langue sont les mêmes dans la bouche de chacun, et ne subissent que les petites modifications résultant de la prononciation ou de l'éducation. Et cependant ces formes persistantes et universellement suivies de la gesticulation ne sont certainement pas le résultat d'une convention ; elles sont naturelles et primordiales, un vrai langage de la nature, bien qu'elles puissent être fortifiées par l'imitation et l'habitude. L'acteur et l'orateur, celui-ci à un degré moindre, doivent, on le sait, étudier soigneusement la gesticulation. Mais celle-ci consiste principalement dans l'observation et l'imitation. Il est en effet difficile de ramener cette matière à des règles abstraites, si l'on en excepte quelques principes tout à fait généraux, comme celui-ci, par exemple : le geste ne doit pas suivre le mot, mais il doit plutôt le précéder immédiatement, pour l'annoncer et provoquer ainsi l'attention.

Les Anglais ont un mépris tout particulier pour la gesticulation, qu'ils regardent comme une chose indigne et commune ; mais je vois simplement en cela l'un des sots préjugés de la pruderie anglaise. Il s'agit en effet du langage que la nature donne à chacun et que chacun comprend. Aussi, le supprimer et l'interdire sans autre forme de procès, uniquement pour l'amour de l'illustre « gentlemanry », me semble chose scabreuse.

TABLE DES MATIÈRES

ÉVREUX, IMPRIMERIE CH. HÉRISSEY ET FILS

www.ingramcontent.com/pod-product-compliance
Lightning Source LLC
Chambersburg PA
CBHW070414090426
42733CB00009B/1665